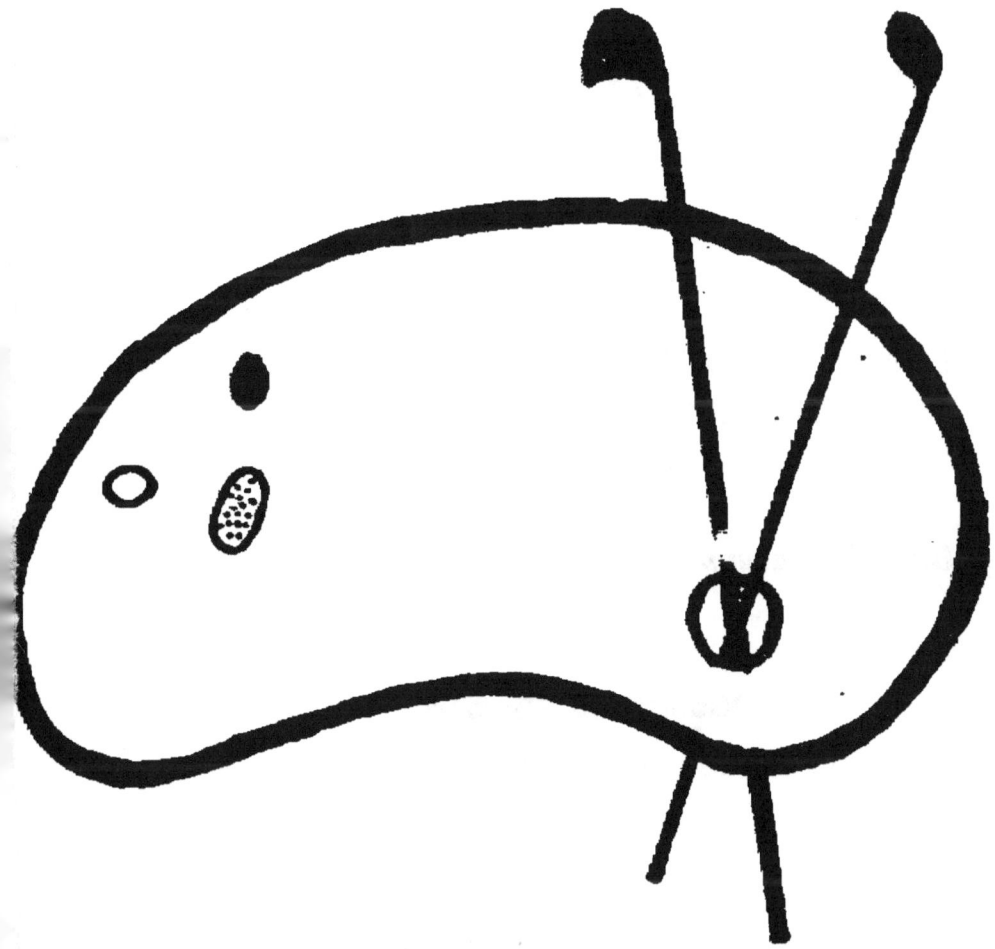

DEBUT D'UNE SERIE DE DOCUMENTS
EN COULEUR

EUGÈNE THOISON

PETITES NOTES
D'HISTOIRE GATINAISE

I

FONTAINEBLEAU, MORET, NEMOURS
LARCHANT, MELUN, Etc.

Orné de gravures et de fac-similés de signatures.

DEUXIÈME ÉDITION
REVUE, CORRIGÉE ET AUGMENTÉE

NEMOURS

E. VAILLOT, LIBRAIRE
43, rue de Paris, 43

1893

DU MÊME AUTEUR :

PETITES NOTES D'HISTOIRE GATINAISE. 2e série.
La Chapelle-la-Reine et son canton.
1 volume in-8o . . . . *Sous presse.*

UN PAPE A NEMOURS. — Passage de PIE VII.
le 25 novembre 1804, 1 brochure in-12. 1 »»

UN FEU DE JOIE A NEMOURS en 1691.
1 brochure grand in-8o . . . . . . o 50

En vente chez le même libraire

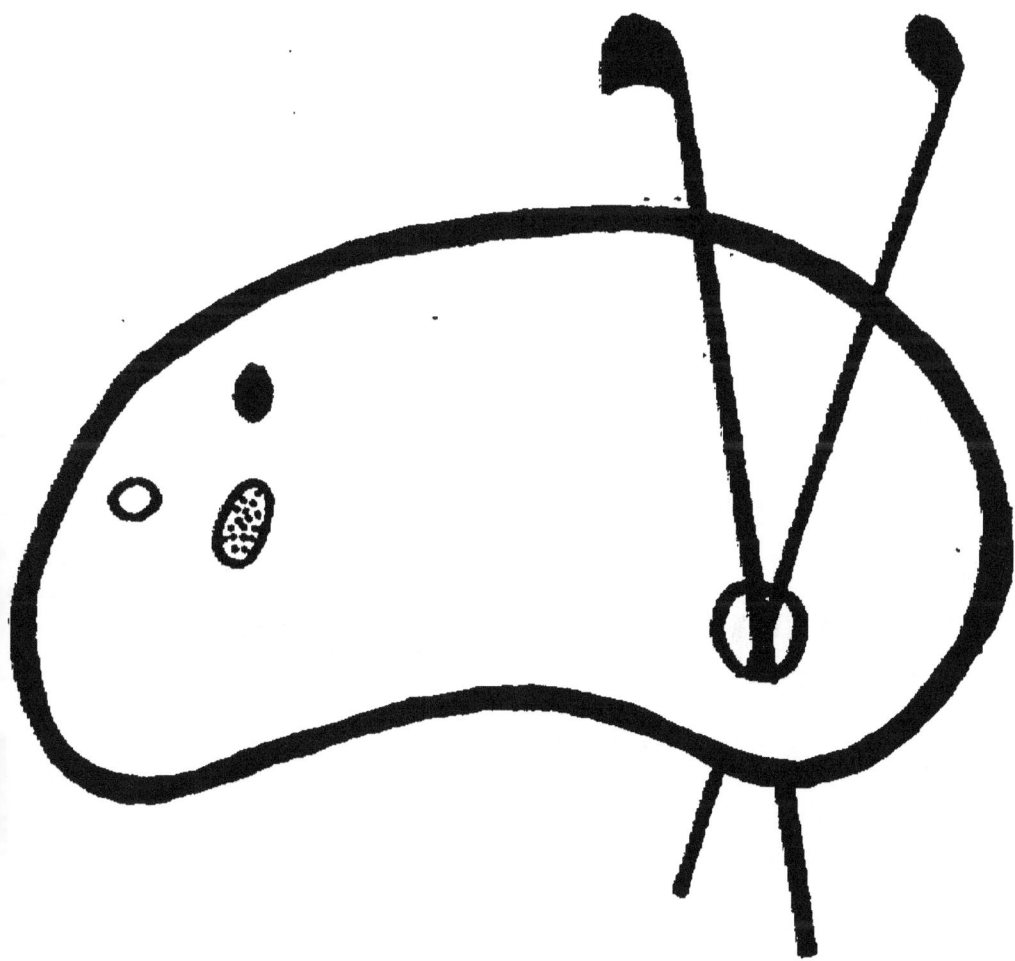

FIN D'UNE SERIE DE DOCUMENTS
EN COULEUR

PETITES NOTES

D'HISTOIRE GATINAISE

EUGÈNE THOISON

PETITES NOTES

D'HISTOIRE GATINAISE

FONTAINEBLEAU, MORET, NEMOURS
LARCHANT, MELUN, Etc.

Orné de gravures et de fac-similés de signatures.

DEUXIÈME ÉDITION

REVUE, CORRIGÉE ET AUGMENTÉE

NEMOURS

E. VAILLOT, LIBRAIRE

43, rue de Paris, 43

—

1893

PETITES NOTES

D'HISTOIRE GATINAISE

Il n'y a plus guère de découvertes à faire dans la grande histoire, surtout pour les deux derniers siècles : tous les faits importants en sont connus, classés et expliqués ; leur appréciation seule varie, et encore peu de documents vraiment nouveaux et de nature à modifier nos idées sur ces faits ont échappé aux recherches. Donc à moins de répéter ses devanciers — ce qui n'est pas du tout dans mes goûts — l'historien qui ne veut pas se perdre dans la philosophie est souvent obligé de se rabattre sur le détail ; mais là le champ est heureusement très vaste, et la moisson peut être fructueuse, car l'histoire spécialement locale n'est pas faite partout, tant s'en faut.

Je réunis ici quelques *Notes* publiées dans un vaillant petit journal : l'*Abeille de Fontainebleau*. Sans prétentions à la science, révélant même à l'occasion une forme un peu légère, ces *Notes* sont du moins scrupuleusement vraies. A quoi bon inventer quand il suffit le plus souvent, pour être intéressant, de mettre en œuvre les inépuisables matériaux qui ont survécu aux générations dont ils racontent les faits et gestes ?

J'ai essayé de me rattacher, autant qu'il m'a été possible, à quelque événement bien connu, et, comme on va le voir, je ne suis jamais remonté plus haut que le déluge.

I

Les Prisons de Fontainebleau et les prisonniers en octobre 1725. [1]

M. Lhuillier a raconté avec son exactitude et son talent habituels les cérémonies du mariage de Louis XV [2] et de Marie Leczinska célébré à Fontainebleau le 5 septembre 1725. On sait de plus que Fontainebleau vit aussi la lune de miel du royal ménage, puisque la Cour y prolongea son séjour jusqu'à la fin de novembre.

Le 20 septembre, le Roi donna des lettres de commission que je résume :

Louis, etc., désirant, à l'exemple des Rois nos prédécesseurs, signaler la cérémonie de notre mariage par des œuvres de clémence et de charité en accordant, suivant l'usage accoutumé en pareil cas, des grâces et rémissions à ceux de nos sujets qui y auront recours pour des cas rémissibles pendant le séjour que nous avons

1. Bibl. Nat. ms. fr. n° 7668.
2. *Le mariage ue Louis XV à Fontainebleau*, brochure in-16, chez M⁰ Laurent, libraire, et au bureau de *l'Abeille*.

1

résolu de faire cette année en notre château de Fontainebleau, et qui se trouveront remis volontairement dans les prisons dudit lieu. *Nous* avons jugé nécessaire de faire préalablement visiter lesdites prisons et examiner les causes de la détention desdits prisonniers afin de ne faire participer à nos grâces que ceux dont les cas en seront susceptibles. A *ces* causes... nous... avons commis... pour assister notre Grand Aumosnier dans la visite des prisons de notre ville de Fontainebleau... laisser dans lesd. prisons ceux qui seront jugés susceptibles de grâces, et en faire transférer dans les prisons voisines les plus seures ceux que l'atrocité de leurs crimes aura rendus indignes de toutes grâces, pour y demeurer jusqu'à notre départ et être ensuite réintégrés dans lesdittes prisons... Donné à Fontainebleau... etc. Signé : Louis.

Les lettres commettaient les sieurs de Beaussan, Legendre de Saint-Aubin, Rouillé, Bertin de Blagny, Lallemant de Levignen, de Vanolles et Le Pelletier de Beaupré.

Des instructions qui leur furent remises il résultait que devaient être exclus de toute grâce et conséquemment ne devaient pas être interrogés, les prisonniers chargés de crimes de lèze Majesté divine ou humaine, fausse monnaie, duel, rapt, viol, désertion, assassinat de guet-apens, vol de grand chemin, incendie prémédité, faux par officiers publics, faux saunage et contrebande, port d'armes et attroupements, ensemble ceux condamnés à la prison par les maréchaux de France.

Les lettres du Roi avaient été publiées partout et de partout on était accouru ; tant et si bien qu'au jour où s'ouvrirent les interrogatoires — soit le 9 octobre — les prisons de Fontainebleau comptaient, toutes les catégories ci-dessus déduites, environ *quatre cent trente* prisonniers : 270 individus recherchés pour crimes ou délits, 150 poursuivis pour dettes civiles et 8 pour amendes.

Je pourrais me demander comment on logea si nombreuse population : j'aime mieux me tenir derrière Armand-Gaston de Rohan, Grand Aumônier, « séant au bout de la table », et assister aux interrogatoires. C'est une petite *Gazette des tribunaux*, si ce n'est pas précisément la *Morale en action*.

Bien entendu je m'intéresse de préférence à nos compatriotes et, je ne sais si je me fais illusion, mais il me semble que parmi ces malfaiteurs pour rire, dont aucun n'avait mérité la corde, les gens de notre pays sont encore des moins criminels.

Par exemple André Huet, commis aux fermes à *Nemours*, faisait rentrer des fagots ; il s'aperçoit qu'un « gagne deniers » nommé Dubuisson lui en vole dans la voiture ; il court sur lui le bâton levé et le frappe ; l'autre se sauve ; en se sauvant fait un faux pas, tombe et se tue. Huet est-il bien la cause de sa mort? On en peut au moins douter.

C'est comme pour ce pauvre Jean Jamet, de son état cabaretier à *Saclas*, en Etampois. Son père et sa mère habitant Boissy-la-Rivière, viennent dîner avec lui ; sur les dix heures du soir il les reconduit, et, comme les chemins ne sont pas très sûrs, il prend son fusil. On arrive à Boissy, on touche presque au presbytère, quand un chien sort de l'ombre... On est au mois de juillet et Jamet a beaucoup entendu parler de chiens enragés ; il a peur, il tire... et s'en va tuer un malheureux couché à la porte du curé et que son chien veille peut-être. Messieurs les commissaires, la grâce !

Et Claude Bizot, de *Chailly*, qu'a-t-il fait ? Il a blessé en se débattant un garde de la forêt qui, étant ivre, voulait l'emmener en prison pour un délit quelconque, réel ou supposé. Le garde est guéri depuis long-temps ; Bizot est sous les verrous depuis six mois... vous ne l'y conserverez pas davantage.

Nous allons faire connaissance avec Jacques Crosnier, un grand dadais qui, à vingt-et-un ans, fréquente encore les écoles de *Fontainebleau*. Sortant de la classe, ou avant d'y entrer, il s'amuse à regarder des gens qui se battent rue *des Trois Pucelles* [1]. La

1. Actuellement rue de Montebello.

garde arrive, et qui pensez-vous que va coffrer Me Hoto, exempt de la prévôté de l'hôtel? Mon Crosnier, parbleu! Allons un bon mouvement, et *rendez-le à ses chères études*.

Voici encore un écolier, le jeune René-Gaspard Nay, élève des Barnabites de *Montargis*. Comme il rentrait paisiblement chez ses parents, il a vu un quidam qui battait un enfant de huit ans; cet enfant, c'est son frère. Saisissant une pierre, il s'élance sur le quidam, le frappe... et le tue. C'est un peu vif sans doute, mais que voulez-vous? A quatorze ans on réfléchit peu et l'on a le sang chaud.

Je m'étonnais de n'avoir pas déjà vu venir celui-ci: *celui qui n'a rien fait*. C'est Henri Chéron, de Thomery ou des environs. Il est en prison pour avoir tiré sur du gibier... lui! mais il ne sait seulement ce que c'est qu'un fusil!

Quant à Etienne Baslin — dix-huit ans, décrotteur — Messieurs, pour vous servir — il dormait bien tranquillement sur la *place du Château*, passe un exempt qui lui donne des coups de canne pour le réveiller. Seulement il a le réveil mauvais; il ramasse une pierre et la lance à l'exempt. Ce n'est pas là un crime irrémissible.

En prison, Baslin a retrouvé son logeur, Nicolas Mocric. Comme son métier de tisserand ne le faisait vivre que bien piètrement, Mocric donnait à coucher à des savoyards, décrotteurs et autres gens de même qualité. Mais voyez combien il faut craindre la jalousie des voisins, un beau jour on est venu l'arrêter comme receleur et « homme commode »: Renvoyez-le sans insister, monsieur le Grand Aumônier.

Glissez, mortels, n'appuyez pas.

Renvoyez encore absous André Souchet, garçon chez Montauban, blanchisseur à *Fontainebleau* : se trouvant sans ouvrage, il est allé couper du bois dans la forêt... histoire de faire quelque chose.

Absous de même Etienne Antoine, postillon venu à Fontainebleau avec le Roi, s'il vous plaît, et qu'un marchand de vin a fait arrêter, flânant dans la *Cour des Fontaines*, sous un prétexte bien invraisemblable, le vol de certaines bouteilles... Comme si les postillons...

Que voulez-vous faire aussi de Barbe Rousselle, une pauvresse, qui a espéré apitoyer sur son sort la nouvelle Reine, pensant que le bonheur rend généreux ; et qui, de Paris, a gagné Fontainebleau. En y arrivant, elle était sans un sou ; elle s'en va coucher « chez un homme qui loge des personnes de bas état » ; peut-être chez Mocrie — elle y vole un drap et le vend 25 sous.

L'affaire de la famille Gueffier, de *Chevry-en-Sereine*, est moins claire. D'ailleurs voici les faits : Claude Gueftier mariait son fils Adrien ; on faisait la noce les fenêtres ouvertes et la porte mal fermée ; on avait invité plusieurs ecclésiastiques du voisinage, et le festin était, ma foi, assez animé. Passe un nommé Baudrier ; sans y être convié, il entre et se permet des plaisanteries de mauvais goût envers les prêtres présents. Le curé de Chevry se lève et le met dehors. Un peu pris de vin, et avec l'entêtement des ivrognes, Baudrier s'en va à la cuisine : il y trouve la mère et les frères du marié ; je ne sais pas ce que la mariée faisait là, mais elle y était aussi — c'est historique. Baudrier continue ses invectives : un des jeunes gens le pousse rudement et l'envoie rouler dans le feu : le pauvre diable se brûle si cruellement qu'il en meurt peu de jours après. Toute la famille, père, mère, bru et deux fils, s'est constituée prisonnière ; mais la chose est grave et les malheureux n'obtiennent qu'un sauf-conduit de trois mois pour régler leurs affaires et s'expatrier.

Pour que notre revue soit complète, il faut que je vous présente les prisonniers pour dettes. On se ruine peu dans notre pays, si l'on ne s'y enrichit pas très vite : parmi ces cent cinquante débiteurs, trois seulement sont de chez nous : François Prunel, potier de terre à *Fontainebleau*, qui doit 4,000 livres ; Jean Condieu, ancien maître d'école au même lieu, qui en doit 5.000 ;

et Guillaumet Courtet, marchand à *Nemours*
dont la dette s'élève à 18,000 livres. Puisse
la grâce que le Roi leur accorde leur per-
mettre de rétablir leurs affaires !

II

La chevauchée d'un commissaire aux vivres en 1698-99 [1].

Habitués à la facilité et à la régularité des approvisionnements, débarrassés du souci de voir jamais le boulanger manquer de farine, nous nous rendons généralement mal compte de quelle importance fut pour l'ancien régime cette question de l'alimentation ; à bien dire, sa pierre d'achoppement. Que la Monarchie ait eu à se débattre au milieu de difficultés créées par ses propres erreurs économiques ; qu'elle n'ait pas eu la persistance d'énergie nécessaire pour réduire les spéculateurs ; qu'elle ait ainsi laissé naître la monstrueuse légende du Pacte de Famine : c'est possible. Que les temps actuels profitent d'une foule de progrès réalisés, de circonstances heureuses, comme le développement infini des communications, sans être ni beaucoup plus intelligents ni beaucoup plus honnêtes : c'est probable... mais ce n'est pas

1. Bibl. Nat. ms. fr. n° 21644. — *Papiers de Delamare.*

ici mon objet. Les théories sont bannies de ces *notes* : j'écris *ad narrandum* et, à propos de la question du pain, je vais seulement vous raconter pourquoi et comment Nicolas Delamare, conseiller du Roi en ses conseils, commissaire au Châtelet de Paris, était à *Montereau*, à *Moret*, à *Fontainebleau* et à *Melun* en décembre 1698 et janvier 1699 — et ce qu'il y faisait.

Le Parlement préoccupé de la hausse continue du prix des grains, justement inquiet des menaces de disette qui pesaient presque sans relâche sur la France, rendit, le 16 décembre 1698, un arrêt complété par une ordonnance du Prévôt de Paris en date du 19 du même mois. Cet arrêt prescrivait une recherche rigoureuse des « amas et magasins de bleds », c'est-à-dire des réserves ou des cachettes de grains excédant les provisions pour la consommation courante ; la saisie des grains découverts et la punition des détenteurs. En même temps les commissaires devaient s'enquérir des ventes effectuées hors des marchés publics, même en vert dans les champs, et sévir contre les marchands, car on estimait alors « que l'usage de vendre et d'acheter du blé dans les fermes est un abus qu'on ne sçaurait réprimer avec trop d'ardeur et l'une des causes de la cherté. »

Nicolas Delamare était chargé de visiter dans ce but la Brie et le nord du Gâtinais.

Pour ne pas donner aux délinquants le temps de se mettre à l'abri, il partit sans rien attendre, malgré les rigueurs de la saison, et s'en fut tout d'une traite à *Montereau* où il arriva le 23 décembre. Immédiatement les officiers de police le vinrent saluer au *Lion d'Or*, chez Laveau, où il était descendu.

En quelques heures, il sait ce qu'il veut savoir : le nombre, l'importance et la discipline des marchés ; le nom et la valeur des mesures en usage : il connaît le poids du *bichet* de froment, et sait les derniers cours des grains. Chose plus intéressante, il reçoit de petites notes anonymes et d'autant plus perfides, qu'il complète et agrémente lui-même. On lui écrit : « La femme de Boullé a achepté des bleds à *Chéroy*, à quatre lieues de Sens. » Il ajoute : « La Boulé met la cherté au marché. » — Prenez garde, femme Boullé !

On lui écrit encore : « Le père de MM. Pigeon est décédé il y aura trois ans à Pasques prochain. Messieurs ses enfants ont encore les bleds de sa succession dans une ferme qui leur appartient en commun scize à Montereau, au faubourg de Gastinois. »

« M. Pigeon, commissaire aux reveues, avec sa mère, un autre frère et une sœur, font valloir ladite ferme, et ledit sieur commissaire achepte du bled au marché, comme marchand de blé, qu'il envoie à Paris.

« M. Chabouillé a ses greniers près la
petite poterne et près l'Hostel Dieu.

« Le vieux Chatelain a mesuré lavoine que
le sieur Hervieux a achepté, il y a six ans de
M. du Rieux. »

Un tel prête de l'argent à gros intérêts;
on l'a ouï-dire. Le bruit commun est que tel
fermier vend son blé sur pied. On a ouï-
dire à la femme Moreau que son mari, boulanger, ajoute à son commerce celui du
grain — ce qui est défendu. On sait *de visu*
que..., etc., etc.

« Blénou, fermier ou receveur de *Valery*
en a une fort grande quantité tant dans le
château que dans un village à un quart de
lieue de là. »

Ceci d'une grosse écriture, et d'un homme
qui sait n'en pas dire plus qu'il ne faut :
Nemours. M. Bertier, procureur du Roy,
Collin, receveur du grenier à sel, M⁰ Benoist
et autres. » C'est tout et c'est assez.

Le brigadier de la maréchaussée de ? a le
courage de son opinion... et de son orthog-
graphe : il signe en lettres d'un demi-pouce
de haut une missive dans laquelle il parle
de ceux « qui ajette » dans les fermes, et de
« l'hiver dernière ».

Il me serait facile de dire quelles consé-
quences eurent ces dénonciations, puisque
d'Argenson revient à plusieurs reprises dans
ses lettres à Delamare sur l'affaire Pigeon,
mais je ne dois pas m'attarder à Montereau;

j'y possède un ami qui ne me pardonnerait pas de braconner sur ses terres.

Partons pour *Moret* où notre commissaire arrive le 29 décembre. Il s'installe à la *Belle Image*, chez Franqueville, mais pour vingt-quatre heures seulement : c'est juste le temps de faire son enquête et de s'apercevoir qu'il n'y a rien pour lui dans ce pays. Il ne faut pourtant pas perdre de vue cet avis qu'on vient de lui donner : « à *Nemours*, Fontenoy et Porcabeuf ont arrêté cinq ou six bateaux de blé sur le canal, qu'ils ont fait décharger dans leurs greniers. » Il y a encore l'histoire de maisons mystérieuses, au bord du Loing, dans un village non dénommé..., une histoire à faire tressaillir les amateurs de mélodrames et de romans noirs... mais j'entends la voix qui me crie : marche! marche! Et je marche.

Le mardi 30 décembre, à deux heures de l'après-midi, Delamare descend de cheval avec ses deux huissiers, Aulmont et Maulmont, devant la porte de la veuve Satin [1], qui tient à *Fontainebleau*, l'auberge de *Saint-Claude* [2]. A peine arrivé, voici déjà les notes qui se rangent dans les colonnes de son grand papier préparé tout exprès : trois marchés par semaine, lundi, mercredi, ven-

1. Louise Morton, veuve de Nicolas Dantan, dit Satin, ancien employé subalterne des forêts.

2. Hôtellerie à l'*Image Saint-Claude*, cour et ruelle Saint-Claude, ouvrant Grande Rue entre les nᵒˢ 23 et 25 actuels.

dredi, de telle heure à telle heure. « C'est toujours un fort petit marché; le plus fort il ne vient pas plus de 1000 boisseaux de grains... Le mesurage est du domaine du Roy; on l'appelle *Roulage*, et celui qui l'exerce, le *rouleur*; c'est à présent une femme nommée la veuve Besoult que l'on nomme la *Rouleuse*... » Un peu pince-sans-rire, monsieur le commissaire.

Fontainebleau compte-t-il beaucoup de marchands de grains? Oui et non. Nous avons Estancelin et Mlle Chabouillé, la veuve du Procureur du Roi, mais en outre « plusieurs habitants font provisions d'avoine et quelques-uns mesme de Bled qu'ils vendent quand la Cour est à Fontainebleau, et entr'autres Nicolas Boucherat, cy devant minager à *Malzerbe*, établi à Fontainebleau il y a 5 ans, et Urbain Guyon, cardeur de laine, gendre dud. Boucherat. »

Cette petite note d'aspect bénin est plus menaçante qu'elle n'en a l'air. Le 31 au matin, Delamare et ses huissiers tombent chez Nicolas Estancelin, associé avec Catherine Rousselet, veuve Besoult, la *Rouleuse*: les maisons des deux associés sont fouillées sans grand résultat; mais, dans un grenier leur appartenant au-dessus de la halle même [1], on trouve deux muids de froment,

---

1. Cette halle était située sur le terre-plein de la Grande-Rue. Le nom de place au Blé a persisté bien que depuis de longues années il n'y soit plus tenu de marché aux

quatre septiers de méteil, un muid de farine
de méteil, six muids d'orge ou environ, et
deux muids d'avoine. Tous ces grains sont
saisis et la petite troupe se transporte,
escortée de plus d'un curieux, chez Nicolas
Boucherat, drapier, et chez son gendre.
Chez Boucherat on saisit : quatre muids
et demi de froment, deux septiers de méteil,
un septier de seigle, deux muids d'orge et
huit muids d'avoine : et chez Guyon, vingt
septiers de froment et quatre septiers de
méteil.

Vous pensez si la ville est en émoi, si le
peuple est joyeux, et si les gens en défaut
prennent peur. Mais pour cette fois l'exemple
est suffisant et, son procès-verbal dressé et
expédié à Paris, Delamare va se reposer. Ce
sont les fêtes du jour de l'an et c'est bien
l'occasion de faire un peu connaissance avec
les notables de la ville. Son papier a même
une colonne *ad hoc* : « M. Haufroy, greffier,
homme intelligent. On peult avoir relation
avec luy. »

Des relations d'ailleurs courtes, puisque le
16 janvier, Delamare fait son entrée à *Melun* et porter ses bagages à la *Galère*, chez
Raveau.

De son séjour à Melun, un seul incident

___

grains. Le terrain de la halle, propriété de la famille
Jamin, qui a fourni à la ville deux prévôts, un maire et
plusieurs fonctionnaires forestiers, a été acquis par la
municipalité le 3 fructidor an XIII.

se dégage, mais typique et profondément vrai. Les mœurs provinciales n'ont pas changé : la crainte des usuriers est toujours le commencement de la sagesse, et l'on croirait ceci écrit d'hier :

« Pendant les cinq jours que j'ay esté à Melun, il m'a paru une si grande affectation à des gens de tous estats, depuis les premiers magistrats jusques aux derniers du peuple, de dire du bien de la veuve Charlot, marchande de bled, et de son fils, président du grenier à sel et lieutenant en l'eslection, et tant d'inquiétude de ce que l'on ne pouvoit savoir de moy s'il y avoit quelques preuves contre eux, qu'à la fin cela m'est venu fort suspect. Tous ceux à qui je m'estois jusques alors addressé m'en aiant toujours dit tous les biens possibles, j'ay pris ce matin le parti de rendre visite à deux magistrats que j'ay sceu gens de bien, et selon mon objet j'ay fait tomber la conversation sur cet article et je les ay veu d'abord l'un et l'autre un peu embarrassés, et enfin après avoir exigé de moi plusieurs promesses d'un secret inviolable et de ne les point nommer, ils m'ont découvert des choses terribles de la conduite de cette famille et principalement des usures excessives que cette femme exerce depuis plusieurs années dans son commerce de blés. L'un des deux entre autres m'en a fait récit arrivé à l'un des fermiers voisins qui avoit emprunté d'elle 1200 livres et qui lui a rendu 5000 livres en bled... »

Et si ce témoin ne suffit pas, d'autres se présenteront ; les langues sont déliées et la veuve Charlot n'a qu'à bien se tenir : dès qu'elle n'est plus à redouter, elle est perdue.

« Pendant les cinq jours que j'ay esté à Melun… » écrit Delamare : en effet il reprend, le 22, la route de Fontainebleau. Dès le 9, une sentence avait été prononcée à Paris contre Estancelin et les autres, ordonnant la vente au marché de Fontainebleau des grains saisis — sauf une faible portion rendue à Guyon pour sa consommation — à 4 livres par septier moins cher que les grains de même qualité vendus le même jour, pour les deniers en provenir être partagés par moitié entre *l'hôpital de la Charité* de Fontainebleau et les propriétaires des grains, et condamnant en outre les quatre inculpés à 30 livres d'amende chacun ; il s'agissait de la faire exécuter. Delamare avait d'abord songé à envoyer ses huissiers, mais inquiets de ce qui pouvait advenir, à eux et à leurs grains, en l'absence d'une main ferme pour contenir le peuple attiré par le bon marché « et prévenu de haine contre eux », les quatre condamnés avaient envoyé à Melun Urbain Guyon prier le commissaire de venir de sa personne à Fontainebleau. D'un autre côté les gens de Melun entendaient le garder, sa présence ayant pour résultat d'intimider les spéculateurs et par suite de faire baisser le prix des grains. Il s'était pourtant décidé à quitter Melun, promettant de revenir pour le plus prochain marché.

2

Mais grâce à des incidents variés, grâce aux mesures qu'il fut contraint de prendre pour déjouer les manœuvres des saisis, la vente ne put commencer que le vendredi 28, et elle durait encore le lundi 31 janvier. On vendit même le dimanche « après en avoir obtenu la permission de monsieur le curé, pour le spirituel ».

Delamare avait *eu sur les bras*, comme il dit lui-même, plusieurs officiers et personnes de considération de la ville qui voulaient se faire attribuer, par préférence, quelques septiers ; mais il entend que les pauvres seuls profitent de cette aubaine, et les lots sont au plus de six septiers. Dès le matin la place est assiégée, et c'est à peine si la nuit noire interrompt les marchés. Le froment dont on demandait 21 et 22 livres le septier, le premier jour, tombe à 15 liv., et le reste à l'avenant. C'est presque l'abondance.

Enfin, tout compte fait, on a encaissé 3330 livres, dont 1665 livres reviennent à l'*Hôpital de la Charité*... Ici une difficulté que le rédacteur de la sentence n'a pas prévue : il existe deux hôpitaux de la Charité ; l'un à *Avon*, paroisse primitive de Fontainebleau — c'est le séminaire qui en occupait naguère les bâtiments ; l'autre à Fontainebleau même [1]. Auquel des deux attribuer

---

1. Rue Royale, aujourd'hui école communale de filles.

cette somme importante de 1665 livres ?
C'est une lutte courtoise dans laquelle chacun fait valoir de bonnes raisons : Avon,
par l'organe du P. de Villedonné, supé-
rieur des frères de la Charité; Fontainebleau par celui de monsieur le Curé de
Saint-Louis, directeur de l'hôpital, agissant
en l'absence de M. d'Estréchy, contrôleur
du château, économe. Delamare est pris
pour arbitre, et il considère que l'hôpital
d'Avon, de fondation royale, jouit d'un revenu
de 1800 livres sur le domaine de Fontainebleau pour six lits seulement ; que celui
de Fontainebleau établi sous la protection
de madame de Maintenon [1] doit subve-
nir à l'entretien de quinze lits et au sou-
lagement des malades soignés à domicile,
et qu'il n'a d'autres fonds que les « chari-
tées ». Je ne veux pas penser qu'un petit
doigt de cour se soit glissé là-dedans, mais
on fait large part au protégé de madame
de Maintenon en lui donnant 1300 livres ;
Avon touche 365 livres seulement.

1. Mme de Maintenon prenait une part personnelle et
active à l'administration de l'hôpital de la « Charité des
femmes », dont elle se qualifiait « dame supérieure ». À
ce titre, Françoise d'Aubigné acceptait, le 15 octobre 1689,
le don d'une somme de 700 livres fait pour fondation de
messes, par Pierre Dépy, professeur et secrétaire pour les
langues orientales. (Étude de Me Gaultry.)

Le 8 octobre 1713, Mme de Maintenon signe l'acte d'ac-
quisition de l'hôtel Guénégaud, rue de la Rochefoucauld
(Saint-Louis), qui a été annexé à la Charité. (Étude de
Me Bellanger.)

Tout étant ainsi réglé, Delamare retourne à Melun et s'enfonce de là dans la Brie : Nangis, Tournan, Provins, Coulommiers ont successivement sa visite. Ce qu'il y fit ne m'intéresse pas ; je ne pourrais même pas dire au juste dans quelle ville il reçut le billet suivant qui dut lui être tout particulièrement agréable :

De Fontainebleau, ce 6 février 1699.

Monsieur,

J'ay receu avec respect l'honneur de votre lettre du 3ᵉ de ce mois. Je n'ay pas manqué, Monsieur, de rendre au sieur Boucherat les 43 livres et j'ay aussy écri a Madame de Maintenon la vigilance, la prudence, la sagesse avec laquelle vous travaillez pour le bien public. Je ne doute pas, Monsieur, que si vous la voyez à votre retour à Versailles quelle ne vous témoigne la Considération toute singulière que nous avons pour votre chère personne. Je luy ay marqué la bonne aubenne qui est arrivé à nos pauvres dont nous tâcherons de faire usage. Je vous remercie très humblement, Monsieur, pour nos menus pauvres du soin charitable que vous avez eu pour eux. Je prie Nre-Seigneur père des pauvres, d'être votre récompense. C'est en son

amour que je suis avec un très profond respect

Monsieur

Votre très humble et très obéissant serviteur

DEVAQUEZ [1].
Indigne prêtre de la Cong^{on} de la Mission
et curé de Fontainebleau.

[1]. L'administration et la surveillance de l'hôpital des
femmes étaient confiées à des dames de la congrégation
de la Charité, dont une remplissait les fonctions de supérieure et une autre celles de trésorière. Cette commission
fonctionnait sous la présidence du curé de la paroisse de
Fontainebleau, pourvu du titre de Directeur de l'hôpital.

III

Les Meutes de chasse de Charles VI[1].

O bonne vieille forêt de Bière, toi que, de loin en loin, tirent à peine de son long assoupissement de pauvres petites chasses de rien du tout, ne va pas t'imaginer que le moins Nemrod de tes enfants ait dessein de te rappeler les temps heureux où retentissaient dans tes profondeurs la trompe des veneurs et la voix des chiens ; où passaient, emportés par des coursiers rapides, les rois et les grands seigneurs, les reines et les belles dames en brillants atours.

Non ? je n'aurai pas la cruauté de chercher à te rajeunir pour un jour sans lendemain. Je n'évoquerai devant toi ni Louis VII le Jeune — ô ironie des vocables ! ni Henri le Grand dont tu fus l'une des maîtresses, et non la moins chérie ; ni le majestueux Louis XIV et sa cour de princes ; ni Louis XV attendant au *Sentier d'Avon* ou à la *Croix de Montmorin* la mort du sanglier.

De tous tes royaux amants, auxquels seule,

1. *Comptes de la vénerie*. Arch. Nat. KK. 36 ; Bibl. Nat. mss. fr. 7830 à 7846, 11202 à 11204.

peut-être, tu fus fidèle, je choisirai le plus infortuné : ce malheureux Charles dont la tête fléchit sous le poids trop lourd de la couronne, et dont la raison s'égara au milieu d'une forêt moins hospitalière que toi. Encore est-ce peu du pauvre roi lui-même qu'il est ici question, mais plutôt de ses chiens, ces belles bêtes si ardentes dont les aboiements t'emplissaient de joie et de gaieté.

Ils formaient deux équipages : celui pour le cerf, comprenant une centaine de chiens courants, huit limiers et une trentaine de lévriers ; et celui pour le sanglier, composé de soixante chiens courants, toujours huit limiers, et vingt-quatre « que lévriers que mâtins ». Cette gent canine était gouvernée par le grand veneur du Roi, ayant sous ses ordres des veneurs et leurs aides, des valets et des pages des chiens, un clerc de la vénerie chargé de la comptabilité, et de pauvres valets qui gisaient de nuit avec les chiens et n'avaient « nuls gages ».

Le grand veneur était notre compatriote, Me Philippe de Corquilleroy, d'une famille gâtinaise bien connue.

Aussi longtemps que la neige couvre la terre, que le verglas ou la pluie rendent les bois peu praticables et les plaines moroses, l'équipage pour le cerf se repose, tandis que les « porchoisons » se poursuivent presque sans interruptions. C'est ainsi que de la

Toussaint 1388 à la Chandeleur 1389 cet équipage pour le cerf est au séjour à *Sermaise*, quatre maisons plantées au bord de la Seine en un terrain conquis sur la forêt. Il est à *Grès-en-Gâtinais* du 1er novembre 1389 à la fin d'avril 1390. Il est à *Samois* du 1er novembre 1390 au 24 mars 1391. Il est à *Beauvais les-Nemours*, une ancienne Commanderie de Templiers dont il reste à peine pierre sur pierre, dans l'hiver de 1392 à 1393, après y avoir passé celui de 1391 à 1392. *Nemours* l'héberge du 1er octobre 1393 au 20 mars 1394. Il demeure à *Moret* de la Toussaint de 1396 à la Chandeleur de 1397; enfin à *Fontainebleau* deux hivers durant, 1398 et 1399.

Bonne aubaine pour tous les voisins que ces séjours, car, outre la dépense faite par les veneurs ou leurs aides, les pages ou les valets, c'est au commerce local que l'on demande les mille objets nécessaires aux chiens. Et le commerce local représenté par Perrin Cordelette, le cordier de Moret; Jean, le chandelier de Samois; Adam Margolet, marchand de grains à Ury; Jean le Maqueur, boucher; Thévenin le Songeur et Jean Joli, boulangers à Fontainebleau; Thévenon Deloppion, épicier à Moret; Germain Sausson, boulanger à Nemours,

J'en passe, et des meilleurs!

le commerce local fait, ma foi, assez bonne

figure. Qu'on lui demande du blé ou du pain, du sel, des fèves, des fressures de mouton, du sang de porc, voire même de la viande de cheval, ou de la corde, de la chandelle, des traits de poils de cheval et des colliers de cuir, il fournit tout ce qu'on veut. Je ne vois que six douzaines d'aiguilles à recoudre les pauvres chiens blessés que l'on soit allé chercher à Paris. Mais au marché de Samois comme au marché de Nemours on trouve les grands pots de terre pour faire la soupe aux chiens, les jalles et les sceaux pour contenir et transporter l'eau — on peut aussi s'adresser à Drion, le tonnelier de Moret. C'est encore aux mêmes marchés que l'on achète les peignes de bois pour peigner et nettoyer les chiens, et jusqu'aux souliers dont on fait aumône aux pauvres valets qui les gardent la nuit. Et, s'il faut compléter l'habillement de ces valets, Jean Orry, le drapier de Moret, fournira des chausses et du drap camelin ; et Perrin, le couturier de Grès, ou Frémin, le couturier de Nemours, ou même Oudin Lefort, le couturier de Moret, confectionneront à quatre sous la pièce, houppelandes et chaperons. Ces quatre sous étonnent un peu : c'est une douzaine de francs d'aujourd'hui.

On a, pour les bonnes bêtes que sont les chiens, tous les soins imaginables : aux jeunes cheaux, du lait de vache ; aux chiens malades ou « découragés », plus de pain,

mais de bonnes soupes aux fèves ; s'ils ont
besoin de soleil, un enclos devant leur che-
nil, et pour ça, on va couper dans la forêt
de Bière six charretées de bois ; on leur fabrique des claies de coudre pour hausser les
litières, afin qu'ils ne couchent sur la terre ;
s'ils sont affligés d'une vilaine maladie de
peau — que je ne veux pas nommer — on
les frotte d'un onguent composé d'huile
d'olive ou de chènevis, de soufre, de vif argent et de couperose : on a trouvé tout cela
chez l'épicier voisin. Mais s'ils sont « en
doubte » d'une bien autrement terrible maladie, de la rage, on a recours aux grands
moyens : les hommes étant impuissants, c'est
aux saints que l'on s'adresse. Non loin de
Moret est un sanctuaire célèbre, celui de
Monsieur saint Mammès : on y mène les
chiens en pèlerinage ; une messe est chantée
devant eux, et l'on fait en leur nom une
offrande de cire et d'argent, ensemble une
livre parisis.

Aussi, quand en mars ou en avril, sonne le
commencement des « cervoisons », ils sont
pleins de vigueur et d'entrain, et il n'est
pas trop pour les retenir, des couplettes de
fer dont Guilremin, le serrurier de Samois, a
la spécialité.

Charles VI n'est pas, à beaucoup près, de
toutes les chasses : nous le voyons pourtant
courre le sanglier, en Bière, vers Sermaise, à
la fin de novembre et au commencement de

décembre 1390 et pendant une bonne partie de décembre 1392. Il nous revient à l'automne de cette même année : en octobre, Jean Bonvalet, de Fontainebleau, mène le harnois de chasse vers Moret, et Geffroy le Roy, aux environs de Bourron. On prend deux « bêtes noires », une le 8, et une le 10, puis la chasse passe la Seine, va vers Champagne et la forêt de Sénart. Le Roi retraverse la Bière en décembre, poursuivant ses porchoisons jusque dans les bois de Paucourt et la forêt de Montargis.

Sans lui, mais pour lui, les chiens s'escriment sur le cerf ou le sanglier dans les bois de *Tournenfuye* — les bois de Champagne et de Graville d'aujourd'hui ; la meute du sire de Graville est même de la fête — dans tous les buissons de la forêt de Bière, à travers tous ses fourrés et ses broussailles : dix, quinze, vingt jours durant, et davantage, ils la traversent du nord au midi, du levant au couchant. Passant et repassant la Seine, ils sont, une certaine année, en 1394, le 31 mars à Champagne, et le 4 avril à Saint-Fargeau. Entre temps on entend leur voix « es buissons de Bouloigneau et de Rougeau », du côté de Saint-Port. De Saint-Fargeau on les suit par Corbeil et Bondy jusqu'à Senlis, puis la Bière les attire de nouveau, et ils y viennent finir la campagne, y chassant du 24 août au 17 septembre « que cervoisons cessèrent ». En août

1391, on prend jusqu'à trois cerfs dans les bois de *Trin* et de *Mamelou ;* on en prend deux près de *Darvault,* au mois de septembre. C'est un sanglier que l'on tue aux *Côtes de Bourron,* le 22 décembre 1394. Les chiens sont nos hôtes presque toute l'année 1398 ; ils ne quittent pas la forêt un seul jour du 16 juillet au 17 septembre. Le 8 août, la curée se fait à Ury.

La chasse, cette image de la guerre, n'est pas plus qu'elle alors une tuerie, un massacre, une hécatombe en un tiré bien clos où les bêtes tombent par centaines. On chasse tout un jour pour un cerf, pour deux ou trois « bêtes noires ». Et très bourgeoisement, très économiquement les porcs ou les cerfs sont salés et envoyés ensuite pour les « garnisons du Roy ». À Fontainebleau, c'est une grosse affaire que cette opération de la salaison : Moret et lieux circonvoisins sont mis à contribution pour le sel ; car Fontainebleau est peut-être la plus petite bourgade de la région. On dépêche jusqu'à Montereau ; seulement pourquoi n'est-ce pas Gontier, le grènetier du grenier à sel, mais Jean, le mercier, qui fournit le demi-bruneau dont on a besoin ?

Des personnes bien informées prétendent que le *bruneau* égalait le *minot :* je n'y contredis pas, me contentant de réclamer pour le Gâtinais ce qui existe pour d'autres pays : un Dictionnaire des Poids et Mesures an-

ciens. Je signale au futur auteur de ce Dictionnaire ces particularités : à Nemours et
à Fontainebleau on vend le blé à la *mesure
de Gâtinais ;* à Saint-Jean et à Saint-Ger-
main-lès-Montereau, à Tavers, à la *mesure
de Montereau ;* à Macherin, à Bougligny, etc.,
à la *mesure de Samois ;* à La Chapelle-la-
Reine, à Maisoncelles, Amponville, Rumont,
Fromont, Aufferville, Burcy, Garentreville,
Dormelles, Larchant, etc., à la *mesure de
Larchant.*

IV

D'un vigneron, d'une vache et de deux sergents[1].

Comment se fait-il que l'Académie des Sciences morales et politiques n'ait pas encore offert un prix d'un millier d'écus à l'auteur du meilleur mémoire sur cette question :

Constater *depuis les temps les plus reculés jusqu'à nos jours* l'aversion des peuples à l'égard des huissiers ; en déterminer les causes et rechercher les moyens de la faire disparaître ?

Car, il n'y a pas à dire, cette aversion est réelle et générale et profondément enracinée : le père la lègue à son fils, parfois hélas ! pour tout héritage.

C'est à ce point qu'un grand nombre de citoyens d'ailleurs inoffensifs ont vu récemment, sans le moindre serrement de cœur, la suppression d'un membre peu intéres-

---

1. D'après une lettre de rémission faisant partie de la collection de l'auteur.

sant, je le reconnais, parmi les moins in-
téressants de la corporation abhorrée; et
qu'avec un peu plus de tenue les meurtriers
pouvaient espérer s'attirer les sympathies
publiques. On était tout prêt à se dire qu'en
somme ils apportaient un amendement
quasi nécessaire à la tyrannie des huissiers,
et en faisaient un régime sortable: *un des-
potisme tempéré par l'assassinat.*

Et pourtant, depuis l'époque où ils
n'étaient que de simples « sergents », les
mœurs des huissiers se sont adoucies: en
dépouillant leur qualification devenue spécialement militaire, ils ont déposé les
armes; et, si l'on en voit encore parfois qui
font mourir leurs victimes à petit feu, ils
ne les tuent point — au sens propre du mot.

Il n'en allait pas de même au dix-sep-
tième siècle: une saisie n'était pas toujours
la petite opération un peu banale que l'on
connaît: elle pouvait être à l'occasion très
mouvementée et même agrémentée de coups
de feu; témoin ce qui se passait à *Monceau*
le 22 avril 1664.

Quand on sort de *Perthes* vers le N.-O. en
suivant quelque temps la route de Saint-
Sauveur, on peut aller passer l'École au
hameau de la Planche. On aperçoit alors sur
sa gauche, et à peu de distance de la
minuscule rivière, au bord du chemin de
Soisy, un petit groupe de maisons: c'est

Monceau. Or, en 1664, habitait là Simon Nantilly, vigneron, qui, pour son malheur, devait certaine somme de deniers au fermier des Aides de l'élection de Melun. Celui-ci, pressé de rentrer dans ses fonds, charge, un beau jour, René Garnier, dit Saint-Val, sergent à Milly, de mettre à exécution l'obligation passée par Nantilly. Le 22 avril, Saint-Val s'adjoint Antoine Jallant, sergent royal à Dannemois-en-Gâtinais[1], et tous deux s'en vont à Monceau à cheval, l'épée battant sur la cuisse et les pistolets à la ceinture. Dans cet équipage ils arrivent chez Nantilly, Saint-Val met pied à terre et entre seul chez le vigneron.

Mauvaise volonté ou impossibilité réelle, celui-ci se refuse à payer. Le sergent, avisant une vache à l'étable, la saisit *illico* malgré les protestations de Simon, et la « baille à Jallant pour la transférer et mettre es mains d'un commissaire ». Mais à peine Jallant a-t-il touché la corde que Nantilly arrivant furieux la lui arrache et fait « évader » la vache très disposée à prendre la clef des champs. Et ce n'est pas tout : empoignant Jallant par son manteau il le tire violemment, le jette à bas de son cheval, et se dispose à lui faire un mauvais parti. Le sergent pourtant se dégage, met l'épée à la main et en frappe légèrement

1. Près Courances.

Nantilly, s'efforçant, mais sans y parvenir, à l'appréhender au corps. Saint-Val de son côté avait fort à faire avec d'autres ennemis ; car, en vertu de l'axiome que je posais en commençant, les voisins attirés par le bruit avaient naturellement pris fait et cause pour le vigneron, et s'en donnaient à cœur joie sur le sergent.

Dans ces conjonctures fâcheuses, nos deux huissiers renoncent à s'emparer de l'auteur du tumulte et, ne songeant plus qu'à se tirer de la bagarre, remontent à cheval et piquent des deux.

Mais Saint-Val plus directement en cause que son collègue, puisqu'il était le chef de l'expédition, Saint-Val, une fois hors de danger, se prend à réfléchir à ce que cette fuite a de peu honorable : en leurs personnes c'est la Justice qui vient d'être bafouée ; l'affaire s'ébruitera nécessairement, se racontera jusqu'à Melun... quel scandale et quelle honte ! Il s'arrête et, après avoir donné à l'effervescence populaire le temps de se calmer, reprend le chemin de Monceau, méditant de « surprendre » — le mot est dans les pièces que j'ai sous les yeux — le débiteur récalcitrant et, cette fois, d'en avoir raison. Il recommande seulement à Jallant de se tenir à distance afin de lui prêter main-forte en cas de besoin.

Celui-ci le voit de loin entrer dans le hameau ; quelques minutes se passent... puis

on entend un coup de feu. Inquiet du sort
de son collègue, Jallant se précipite vers
l'endroit d'où le coup de feu est parti, et
arrive pour voir expirer le malheureux
Nantilly frappé d'une balle par Saint-Val.
Ce dernier est en selle et, suivi de Jallant
stupéfait, il gagne les champs et est bientôt
hors de portée.

L'affaire devient grave, car l'incontestable
rébellion du pauvre vigneron ne donnait
pas au sergent le droit de le tuer. Jallant —
qui n'a rien vu puisqu'il déclare lui-même
qu'il était « de beaucoup esloigné lors que
le coup de pistollet a esté tiré » — prétendra
bien un jour que Saint-Val s'estant repris de
parolles avec led. Nantilly et receu de luy
quelques coups de pierres avoit lasché led.
pistollet », mais rien n'est moins prouvé
que ces coups de pierre, et dans tous les cas
les armes n'étaient pas égales. Les deux
sergents le sentent si bien qu'ils se hâtent
de se soustraire aux poursuites, et que c'est
contre deux contumaces que le prévôt de
Perthes doit informer et procéder.

Qu'arriva-t-il de cette information ?

Jallant, des deux le moins coupable, ob-
tint, le 10 mai, des *lettres de rémission* qui
lui permirent de rentrer chez lui indemne,
à la charge peut-être d'une aumône de six
livres d'après ce que je lis en marge du
parchemin original. Quant à Saint-Val, je
voudrais bien savoir ce qu'il devint, mais

c'est là justement une des nombreuses choses
que j'ignore.

Il n'est pas impossible que, dans sa souveraine indifférence pour l'opinion publique,
Louis XIV l'ait gracié, semblant ainsi légi-
timer d'avance les représailles des petits-neveux de Simon Nantilly sur ceux de René
Garnier, dit *Saint-Val*.

———

V

Larchant ressuscite.

Se pouvait-il qu'il ne fût pas ici question du vieux et toujours intéressant *Larchant ?* Non. Mais j'en étais encore à chercher à quel propos j'en allais parler, quand une découverte d'une certaine importance me fournit le plus heureux des prétextes. Et cette découverte n'est peut-être que le commencement d'une résurrection de cette infortunée petite bourgade : ce sol si long-temps rebelle aux trouvailles va peut-être se décider à rendre ce qu'il cache jalouse-ment depuis trois siècles et plus. Dieu le veuille !

Dans tous les cas, nous possédons dès à présent une preuve nouvelle — et non des moins piquantes — qu'il existait autrefois en ce lieu mieux qu'un maigre village ; qu'au xvɪe siècle au moins... mais, avant d'établir ce que cette fameuse découverte nous apprend, il ne serait pas mauvais de la raconter.

Vers le milieu de juillet dernier, mon bon voisin et ami, M. Fassy, avait entrepris de faire fouiller un puisard dans sa cour : la première couche de terre enlevée, on se trouva en présence d'une espèce de puits carré de quatre à cinq pieds de côté et solidement maçonné. Cette espèce de puits — je dis tout de suite, pour me débarrasser de la partie désagréable de ma tâche, que je n'ai pas la moindre idée sérieuse sur sa destination : ce n'était pas un puisard puisqu'il descend jusqu'à la roche et est parfaitement étanche — ce trou donc était plein d'une terre de remblais mêlée d'une quantité de tessons de poterie et de fragments de verre auxquels tout d'abord on ne prit pas garde, qu'on chargea dans une voiture et qu'on transporta dans les champs. J'abrège : des fragments plus gros que les autres attirèrent l'attention ; un habitant du pays, intelligent et artiste, fut prévenu : il recueillit, deux ou trois jours durant, tant sur les sillons que dans les terres restées dans le puits, des pannerées de débris, puis chez lui, patiemment, sans se lasser, il reconstitua par dizaines des *instruments de musique* en verre et en terre de formes variées. Sur le désir du propriétaire, des objets ainsi reconstitués quelques-uns furent distribués à des amis *quorum sum*. Et c'est ainsi que, grâce à MM. Fassy et Barbey, je suis en possession des échantillons que voici : j'ai mieux aimé

les dessiner que les décrire par le menu. Le
n° 1 — celui d'en bas — est en verre et
mesure environ 25 centimètres développé ; le
n° 2, en terre, donne, déroulé, à peu près
30 centimètres.

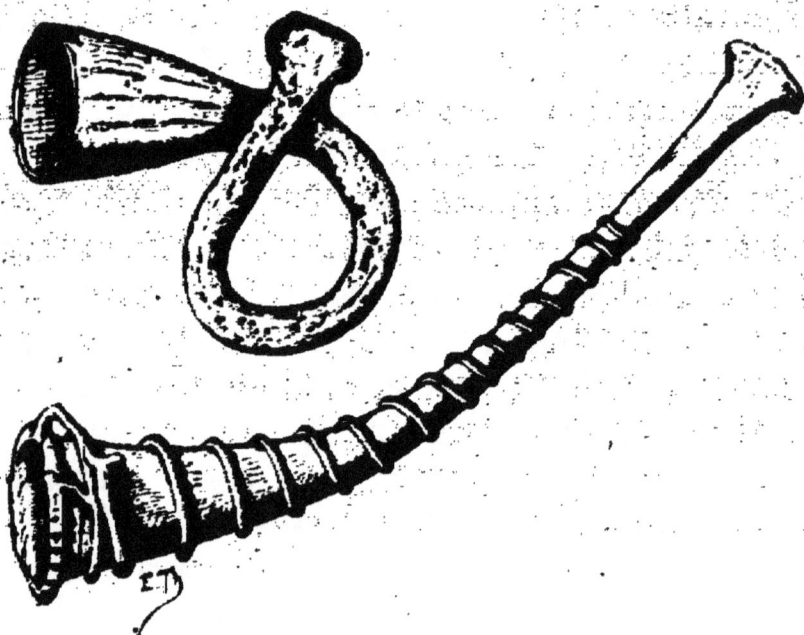

Mais il y en a, pour ne parler que de la
verrerie, de bien des modèles et de bien des
couleurs. Mon n° 1 est rouge brique :
il y en a de bleus, d'autres d'un blanc opale ;
il y en a dont la pâte est ornée de filets
blancs s'allongeant de l'embouchure vers le
pavillon et s'élargissant en même temps
qu'ils s'allongent ; d'autres dans la pâte des-
quels on voit comme des feuilles de deux
tons, il y en a de droits comme celui-ci, ou
de noués comme le n° 2 ou comme deux

objets de même genre exposés l'un au musée de Cluny, l'autre au musée du Louvre. Il y a encore des coupes de faible diamètre — type vide-poche — portant sur sept petits pieds. Et tous ces échantillons divers ont un air de famille, un même système de décoration : ils sortent sinon de la même main, au moins de la même fabrique.

En terre, ce sont des trompettes, ou des cors, ou bien des olifants, d'une terre fine, serrée, uniformément noire, gardant à la surface les traces de l'outil qui l'a façonnée. Et de tout cela on peut tirer des sons qui ont la suavité et la douceur de ceux du cornet à bouquin de nos jeunes ans.

Il ne faut pas oublier certain pot à surprise, en terre commune, couverte d'un émail jaune, et décoré sur les bords d'animaux en haut-relief. On en fabriquait beaucoup d'analogues à Beauvais au xve siècle; mais je n'en connais aucun d'aussi artistement orné.

Enfin le verre blanc est représenté par des verres à boire assez nombreux dont il ne reste malheureusement que le pied et la jambe; et par des débris de flacons ou petites bouteilles à côtes [1].

Ces objets, on le sent, méritent une étude spéciale que j'essaierai peut-être si personne

---

[1] Un de ces fragments porte une marque de fabrique; mais personne jusqu'à présent n'a pu l'identifier.

de plus compétent que moi ne l'entreprend. A cette heure je n'ai qu'un but : indiquer en quoi l'histoire de Larchant profite de cette découverte.

Deux points au moins sont hors de discussion : la date du dépôt et le style des instruments — ceux de verre s'entend, car pour ceux de terre, ils sont de toutes les époques et de tous les pays : le Pérou, aux temps anciens, nous en montre de presque semblables, et l'on en fabrique encore en France, à la couleur de la terre près. C'est à la fin du XVIe siècle que remonte certainement l'ensemble de la trouvaille, puisque d'abord la monnaie la plus récente qu'elle nous ait fournie est de Henri III et de 1579. En outre, pour tous les connaisseurs, nous sommes en présence d'un travail *genre Venise*, et l'on sait justement combien le XVIe siècle fut friand des produits italiens ; combien François Ier, Henri II et Charles-Quint firent d'efforts pour attirer, l'un dans les Pays-Bas, les autres en France les verriers de Murano. Donc vers 1580 — quelques années plus tard si l'on veut — un habitant de Larchant enfouit pêle-mêle tout ce que nous venons de remettre au jour. Mais quel était cet habitant pour qu'il possédât un aussi grand nombre d'olifants, de cors ou de cornets, le nom importe peu ; pour qu'il eût des verres à boire alors que l'on ne se servait que de gobelets d'étain ?

Évidemment ou un fabricant ou un marchand de ces mêmes objets. Un fabricant... l'hypothèse est bien tentante, et je n'y renonce momentanément qu'en l'absence d'aucune trace, dans les nombreux documents que j'ai dépouillés, d'une verrerie ou d'un verrier : il serait bien invraisemblable qu'un industriel de cette importance eût séjourné même quelque temps chez nous sans figurer jamais dans un acte quelconque ; mais je n'ai pas vu tous les actes. Je ne connais, au XVIᵉ siècle, à Larchant, comme potier, qu'un potier d'étain, tandis que je sais qu'en 1543, Mathurin Canto y vendait de la *bimbeloterie*, très certainement à l'usage des pèlerins.

Or, sans m'attarder dans des considérations étrangères à l'ordre d'idées que je suis, il saute aux yeux que des instruments aussi exigus n'ont jamais dû être pris au sérieux ; que leur fragilité, l'une des causes aujourd'hui de leur rareté, en interdisait l'usage ordinaire, à ce point qu'on leur fabriquait des *custodes* en cuir. Ce sont donc, à n'en pas douter, des objets relativement de luxe, j'allais dire d'étagère, mot impropre d'ailleurs, puisqu'on les portait à son côté suspendus par quelque cordon de soie.

Ainsi, il fut un temps où les fantaisies coûteuses trouvaient acheteurs à Larchant. On vendait couramment des *bibelots* de prix dans cette maison de la rue de l'Église qui n'a gardé de son aspect d'autrefois que les vestiges des grandes cheminées abritant la famille entière. En inventoriant le mobilier de ce marchand lyricantois du XVIᵉ siècle, on eût relevé, comme dans celui de René d'Anjou ou de Philippe II d'Espagne, les *cors* et les *cornets de voirre* « venant de Saint-Hubert ». Il semblerait donc, en étendant cette attribution à nos objets, que saint Mathurin, ici le maître incontesté, eût fait une petite place à saint Hubert, et permis que l'on confondît le commerce de ses modestes enseignes de plomb avec celui des brillants attributs de ce dernier : tous deux ne guérissaient-ils pas la folie, ou chez les chiens, ou chez les hommes ?

Mais il paraît démontré au moins que les pauvres gens ne fréquentaient pas seuls ce sanctuaire ; et tout à l'heure, en présence de ces innombrables fragments qu'une main adroite et patiente a rapprochés, je croyais voir revivre le Larchant des beaux jours et la foule bigarrée de ses pèlerins, de ses voyageurs : sous Charles IX encore, Larchant est une station presque obligée sur la route de l'Italie.

Puis le chevalier du Boulay et ses bandes se précipitent chez nous, pillent notre église, en arrachent et profanent les saintes reliques : c'est un vent de mort qui passe sur notre pays. Que veut-on que viennent faire les pèlerins maintenant ? Ils désapprennent le chemin de Larchant, puisque saint Mathurin n'y est plus. *1567* est la date qu'il faudrait marquer d'une croix, comme on marque une tombe. Deux ans, cinq ans, dix ans s'écoulent ; un siècle aujourd'hui, une heure alors ; on garde encore l'espoir de temps meilleurs, quoique le présent soit lugubre. Les habitants tiennent bon : à peine si l'on constate une diminution de population ; ce sont les étrangers qui manquent et c'est d'eux surtout que le commerce a besoin : Puis le bimbelotier meurt ; ses enfants se sont faits laboureurs ou vignerons ; peut-être a-t-il fallu quitter la maison paternelle... Cette *quincaillerie* — pour parler comme au XVe siècle — devient une gêne et un encombrement, et comme il ne reste guère que des échantillons défectueux, comme il s'en casse de temps en temps quelques-uns, on ne songe qu'à s'en débarrasser. On avise ce trou qui s'ouvre, je ne sais pourquoi, dans la cour, et l'on y jette et y balaye ces malheureux témoins des prospérités passées. Ils se brisent en tombant les uns sur les autres, ou la charge des terres accumulées les réduit à l'état où nous les avons trouvés.

Voilà le tableau, à peine hypothétique tant il est vraisemblable et repose sur des données réelles, que mon imagination me retraçait. J'ai la conscience d'avouer qu'un détail jusqu'à présent passé sous silence me gêne un peu : que fait ici une belle cruche

toute neuve et intacte, et pleine de cendres ?
Mais dans chaque découverte n'y a-t-il pas
quelque cruche inexpliquée, et jamais archéo-
logue s'est-il pendu pour ça ?

Un mot et j'ai fini : s'il ne faut pas chercher à Larchant le verrier qui travaillait si
finement, faut-il aller, pour le trouver,
jusqu'à Liège, à Bruxelles, à Mézières ou en
Allemagne ? J'imaginerais bien volontiers que
c'était tout simplement un habile ouvrier
d'*Avon* ou du *Monceau*, quelque prédécesseur
anonyme d'Antoine Cléricy. Ma trouvaille
doublerait ainsi d'intérêt, puisque en même
temps qu'elle nous montre à Larchant une
activité commerciale peu soupçonnée, elle
nous fournirait des spécimens d'une indus-
trie nous touchant de fort près et sur laquelle pourtant nous savons bien peu de
chose ; mais démontrera-t-on jamais l'existence, au xvie siècle, d'une verrerie à Fontainebleau ?

VI

Les petits côtés d'un grand baptême[1].

« En un si grand acte, et pour un si grand Prince, tout y est grand et de grande importance », écrit le cardinal de Joyeuse à Mme de Monglat, quelques jours avant le baptême de Louis XIII. Comment concilier cette manière de voir avec le titre du présent article ? Peut-être en ne s'occupant pour ainsi dire pas de l'acte lui-même, mais seulement des circonstances accessoires qui l'ont précédé, accompagné et suivi ; et, quant au baptisé, en n'oubliant pas que, tout *grand Prince* qu'il pût être, il était encore un bien petit homme.

Car il n'avait que cinq mois moins quelques jours, étant né dans ce château de *Fontainebleau* qui allait voir son baptême, le jeudi 27 septembre 1601, à 10 h. 37 m. 30 s. du soir, autant qu'on peut s'en rapporter à la montre d'Héroard « faite à Abbeville par M. Plantard ». Bien que dûment ondoyé il ait quitté Fontainebleau moins

---

1. *Journal d'Héroard.* Bibl. Nat. ms. fr. 4022.

d'un mois après, le 25 octobre, à deux heures de l'après-midi, et qu'il n'y soit revenu qu'une fois, à l'automne de 1604, le vieux château avait gardé ses préférences : dans ses jeux, les voyages supposés à Fontainebleau tenaient une grande place; et la *poterie* qui lui fabriquait des jouets si amusants avait ses souvenirs de prédilection. Un peu trop souvent « opiniâtre », il ne voulait pas emporter ce vilain défaut à Fontainebleau : — *Man Ga*, disait-il, *ma tête colère, je la laisserai à ma gaderobe, et je pandai ma bonne.* Aussi ce fut une vraie joie quand on apprit à Saint-Germain que le baptême des trois enfants de France projeté à Notre-Dame de Paris n'y pouvait avoir lieu à cause « de la contagion », et qu'il se ferait à Fontainebleau.

Le petit Dauphin presque malade, puisque le 8 septembre 1606 — date mémorable — il « gaste sa chemise », le petit Dauphin à cette bonne nouvelle est soudainement guéri. Il monte gaiement en litière, le 9 à 2 h. 1/2 de l'après-midi. Mme de Monglat, sa gouvernante, l'accompagne avec Héroard, son médecin ; M. de Souvré, M. d'Oinville, maréchal des logis ; M. de Courtenvault, guidon ; M. d'Arnouville, gendarme de sa compagnie; M. de Champagne, lieutenant aux gardes du corps; M. de la Court, exempt, etc. Il arrive à 4 h. 1/2 à Meudon, et descend chez M. Garrault, trésorier de l'extraordinaire, en s'étonnant de ne pas être logé au beau château qu'on lui a montré. Le dimanche 10, il part de Meudon à midi, et arrive à 3 heures à Chilly. Les étapes, comme on voit, sont courtes ; mais il faut ménager cette jeune et précieuse existence. La matinée du 11 lui réserve une touchante surprise qui le met en joie pour toute la journée : on lui apporte un placet de la part d'un malheureux enfermé dans la tour de Chilly pour s'être battu avec le curé. — Je ne dis pas : avoir battu le curé. — Le futur roi s'éveille en lui et, tout tremblant d'émotion, il fait ouvrir la porte du cachot. Après cette belle action, il se met en route pour Villeroy où il arrive à 3 heures ; il fait les cent coups dans les jardins, et soupe à 6 heures, d'une panade, de veau bouilli, de moelle, d'un aileron et du croupion d'un chapon bouilli, d'une aile de perdrix et de quelques cerises confites. Remarquez ce menu, vous le reverrez. Le petit prince s'endort doucement à 9 heures... Dès 7 h. 1/2, le lendemain matin, il est levé : mais M. de Souvré est encore au lit : — *Eh ! mon Dieu !* s'écrie le royal bambin, *habillez-moi vitement ; je l'irai donner le fouet !* Touchant souvenir de corrections que son titre de Dauphin ne lui épargne guère. Ayant entendu la messe, il monte en carrosse à midi 1/4 ; en chemin, il s'endort : son médecin s'étonne et s'inquiète même de ce sommeil, d'autant qu'il a eu dans la matinée un petit saignement de nez. Il faut dire que cette hémorragie en miniature avait suivi un accès de colère — où donc étaient les bonnes résolutions ? Lorsqu'il s'éveille, on est à Soisy-sur-Eccle : on reconnaît alors une glande enflée sous l'oreille droite. Arrivé à *Fleury-en-Bière,* on le met au lit, on étend sur la glande... du suif, odoriférant emplâtre recouvert d'un morceau de laine, et la nuit se passe sans incidents. Avant huit heures il est debout: Mademoiselle d'Antragues se présente pour lui baiser la main ; mais lui, d'une rare précocité d'impressions, « fait le honteux, rougit, se sourit », et finalement lui tourne le dos.

Mais le bien-aimé Fontainebleau approchait et le Dauphin pressait de quitter Fleury, quand arrive un laquais porteur de ce billet du Roi:

M⁰ de Monglat, ce mot par ce lacquès exprès est pour vous dyre que vous ne facyes partyr mon fils de Fleury que à une heure après mydy. Bon jour M⁰ de Monglat. Ce mercredy à huyt heures du matyn XIIIᵉ cetambre à Fonteneblcau.

HENRY[1].

Il fallut bien se soumettre à la volonté paternelle et patienter jusqu'à une heure. Le trajet se fit en 2 heures 1/2 ; encore dut-

1. Bibl. Nat. ms. fr. 3649, fᵒ 19. Cette lettre est inédite.

on s'arrêter à une lieue de la ville pour recevoir les hommages d'une « grande quantité de noblesse ». Aussitôt arrivé, le Dauphin s'en fut baiser le Roi, la Reine et la duchesse de Mantoue qui allait être sa marraine ; puis il descendit au jardin de la Reine, jouer à la paume sous la galerie, ou voir ses truites qui mangeaient si drôlement les petits poissons qu'il leur faisait jeter. A la nuit seulement il rentre pour souper : on lui sert naturellement de la panade, deux ailes de perdreau et quelques cerises confites ; mais il ne s'aperçoit pas de la monotonie du menu, heureux qu'il est de souper avec son père et de boire un peu de vin blanc « des restes du Roi ». Mis au lit à 8 heures, il ne peut trouver tout de suite le sommeil, et s'amuse à deviser avec Messieurs d'Epernon, leur parlant à plusieurs reprises du canal que le Roi fait faire et qui va jusqu'à la rivière.

Pendant ce temps les ouvriers achevaient de construire dans la cour du Donjon un immense échafaud communiquant de plain-pied, par un pont jeté à cette occasion, avec le salon du Roi ; au centre de l'échafaud, et sous un *poële* ou dais magnifique, se dressait un autel ; et tout autour étaient disposées des estrades pour les prélats, les princes, les princesses, les gens de distinction invités à la cérémonie, et les musiciens. Le Roi et la Reine devaient assister d'une fenêtre au baptême de leurs enfants.

Dès le matin, le Dauphin est revêtu de l'habit de satin blanc qu'il va porter au baptême, et ses jeux ordinaires lui sont interdits; il partage son temps entre la chapelle et les appartements du Roi et de la Reine. A 11 heures 1/4, il se met à table pour un dîner qui ne lui réserve aucune surprise : de la panade, du veau bouilli, de la moelle, une aile de perdreau et... quelques cerises confites. Mon Dieu ! que son maître d'hôtel avait l'esprit inventif et que Jean de Vienne, son officier de cuisine, peinait pour gagner ses cent livres de gages par an !

A deux heures, la journée lui semble terriblement longue, et il demande à voir sa chambre de parade dressée avec celle de ses deux sœurs qui vont être baptisées en même temps que lui, dans le *pavillon des Poëles*, et dont on lui a dit monts et merveilles. On l'y conduit, mais ni la splendide tenture qui la décore, ni le lit de parade sur sa plateforme garnie d'hermine, et avec son grand dais; ni le manteau royal de toile d'argent fourrée d'hermine étendu sur le pied du lit; ni les tables portant les *honneurs* de l'enfant : cierges, crémeau et salière, ou les *honneurs* des compères : bassin, aiguière et serviette, ne parviennent à le distraire : il s'ennuie — — ce qui lui arrivera plus d'une fois dans sa vie. Pourtant ceux qui l'entourent s'évertuent à l'amuser : le Roi lui raconte qu'on va tout à l'heure l'inonder d'eau froide, et l'on a toutes les peines du monde à le rassurer; M. Guérin, son second médecin, lui affirme au contraire qu'on va se servir pour lui d'un sel spécial et excellent... Tant bien que mal le temps s'écoule et l'heure solennelle approche. On fait le simulacre de placer l'enfant dans le lit de parade, et la princesse de Conty, de le lever. Le prince de Condé devait avoir l'honneur de le porter; mais malade il se fait suppléer par M. de Souvré.

Le cortège — dont on peut lire le détail chez le P. Dan et ailleurs — parti à 4 heures de la chambre de parade du Dauphin, suit la galerie découverte de la cour de la Fontaine, traverse le petit salon du Roi, suit le pont dont j'ai parlé et atteint l'autel et les fonts : il est cinq heures et demie.

La plus jeune des princesses, baptisée la première, reçut le nom de *Chrétienne* « que mon frère, dit Henry IV, le duc de Lorraine et sa fille lui ont donné ». Puis ce fut le tour d'*Elisabeth*, filleule de l'infante Isabelle; enfin celui du Dauphin, le parrain étant le pape Paul V représenté par le cardinal de Joyeuse; la marraine, la duchesse de Mantoue en personne.

Lorsque le cardinal de Gondy lui posa la question : — *Monsieur, que demandez-vous?* — *Le supplément des cérémonies du baptême*, répondit-il avec assez d'assurance.

Mais à cette autre : *Comment voulez-vous être nommé?* — *Comme il plaira à Papa et à mon parrain*, dit-il d'une voix tout à fait claire. Il avait plu à Henri IV de l'appeler Louis « pour renouveler, dit-il, la mémoire du Roy saint Loys duquel nostre maison est yssue ».

Non seulement Louis répond à propos et, suivant le cas, en latin et en français aux formules liturgiques, mais encore il se prête doucement et comme avec intérêt aux différents actes de la cérémonie : il ouvre de lui-même sa poitrine pour y recevoir l'huile bénite, et quand Mme de Montpensier lui eut baissé le col de son habit et que M. de Gondy lui eut mis le crême sur les épaules, il se prit à sourire en disant : *Oh ! vela qui est frei !...* Au sel il dit : *Il est avalé ! Je le trouve bon ; j'en mangerais bien ;* se ressouvenant de ce que lui avait assuré M. Guérin. A six heures et demie, à la nuit tombante seulement, la cérémonie est terminée et, par celle du Roi et celle de la Reine, le Dauphin regagne sa chambre au *Donjon*. Passant sur la terrasse, il aperçoit son régiment dans la cour : aussitôt, comme pour se délasser de la longue contrainte qu'il vient de subir, il se fait mettre son hausse-col et donner sa pique ; puis il s'en va par les chambres, frappant à tort et à travers, et avec une joie exubérante, même dans les vitres dont il casse quelques-unes.

On sait que le baptême fut l'occasion de festins magnifiques offerts à la cour. Voici comme le néophyte en eut sa part : une panade, une aiguillette de chapon rôti, une aile de perdreau et... des cerises confites. Et tandis que s'ouvrait le bal, suite des festins, on couchait Louis qui s'endormait rêvant, non qu'il était roi, mais qu'il montait la garde. Il était neuf heures trois quarts.

Le lendemain fut encore un jour de réjouissances publiques: Louis s'en aperçut au menu de son dîner, qui fut par hasard : une panade, du veau bouilli, une aile de perdreau et des cerises confites — je ne charge rien. Ce qui le toucha davantage, ce fut d'aller, le tantôt, voir courir la bague, et son père s'y distinguer. Sur les huit heures du soir, le Roi fit amener son fils à l'une des fenêtres du pavillon « qui est au bout de la grande salle », pour qu'il vît le superbe feu d'artifice préparé dans le parc : c'était un grand fort carré précédé de « chenils » défendus par des hommes et assaillis par des diables. L'enfant regardait de tous ses yeux, et quand il vit les diables courir au milieu des flammes multicolores, il ne put s'empêcher de s'écrier: *Eh ! mon Dieu ! qu'il est joli !* Hélas ! à dix heures la nature fut plus forte que la volonté et la curiosité réunies et, tout doucement, le Dauphin battit des paupières et s'endormit dans son fauteuil. Avec mille précautions on le transporta dans sa chambre, et on le mit au lit ; mais les détonations des boîtes d'artifices se faisaient encore entendre de temps en temps, et il était tout près de minuit quand il s'endormit enfin pour tout de bon.

Cependant la contagion, que l'on avait voulu fuir en évitant Paris, menaçait Fontainebleau : la grande agglomération de peuple attiré par les fêtes en faisait davantage encore craindre le développement. Déjà — bizarre coïncidence — les deux garçons de l'apothicaire du Roi en étaient atteints. Henri IV décida de « séparer la compagnie » sous deux jours et de renvoyer ses enfants à Saint-Germain. Le Dauphin partit donc le 16 septembre à 2 heures.

Le matin, on l'avait, comme d'usage, conduit à la chapelle, au bout de la salle de bal. Comme il y entrait, un prêtre y disait la messe, et la clochette tintait pour l'élévation : — *Monsieur*, dit Mme de Monglat au Dauphin, *regardez Dieu...* — *Oh! non*, répond l'enfant avec une petite moue de dédain, *ce n'est pas celi de mon preste.*

Avant de monter en carrosse, il avait été dire adieu aux verriers dont les « fourneaux » étaient installés dans le château même, sous l'une des arcades de la terrasse. Je ne retiens de ce détail que ceci : il existait une *verrerie* à Fontainebleau.

Mais il faut croire que très heureusement les menaces de peste ne se réalisèrent pas, car au lieu d'aller jusqu'à Saint-Germain, le Dauphin s'arrêta pour coucher à *Cély*, et, après une visite à *Courances*, il revenait, le 24, à *Fontainebleau*, pour y passer l'automne, tout l'hiver, et l'été jusqu'au 29 juillet 1607.

VII

Par-devant notaire

Ce titre ne m'appartient pas: c'est celui d'un intéressant volume tiré de son minutier par Mᵉ Weber, notaire en cette ville de Fontainebleau. Mais mon aimable confrère à la *Société du Gâtinais* ne peut prétendre, et n'a d'ailleurs jamais pensé avoir épuisé la matière. Il le peut d'autant moins que les minutes de plusieurs de ses prédécesseurs — très médiats — Mᵉˢ Morlon, Boucher, etc., courent les champs, rendues à la liberté par une main aussi ancienne qu'inconnue. De temps en temps le vent m'en apporte quelques feuillets, et je me hâte de les recueillir et de leur assurer un asile dans mes cartons.

Car si rien ne surpasse pour l'histoire intime ces actes où nos ancêtres, qui bien plus volontiers que nous faisaient intervenir le tabellion, vivaient leur vie de tous les jours; rien ne vaut les originaux. Sur ces pages jaunies, ceux qui nous ont pré-

cédés ont laissé quelque chose d'eux-mêmes :
leur signature, au moins comme ils la sa-
vaient tracer ; et jamais livre, jamais copie
même n'a donné comme ces pages l'impression vraie de ce qui n'est plus.

Faisons néanmoins, si vous le voulez, une
petite excursion rapide parmi ces épaves :
nous y glanerons certainement plus d'un
détail d'histoire locale.

Le mardi 9 septembre 1625, Mᶜ Morlon —
dont voici le « seing manuel » — escorté de

ses deux clercs, François Tabourel et Jean
Vassault, se transportait avant midi au château de Fontainebleau pour y faire approuver certain marché par « haulte et puissante
dame Anthoinette de Pons, marquise de
Guercheville, dame d'honneur de la Reyne
mère du Roy, dame de Liancour, comtesse
de Beaumont-sur-Oise, de Gallardon, Mont-
louis, Tallevoisin, Escrignolles et autres
lieux, veuve de feu haut et puissant seigneur
Mʳᵉ Charles du Plessis, vivant chevalier des
ordres du Roy, conseiller du Roy en ses

conseils d'état et privé, son premier écuyer, gouverneur et lieutenant général pour Sa Majesté de la ville, prévosté et vicomté de Paris, seigneur de Liancourt et autres lieux ». Celle qui avait ému de sa beauté la cour de Henry III, qui avait enchaîné le cœur du volage Henri IV, non par sa soumission, mais par son invincible résistance, avait alors dépassé de quatre ou cinq ans la soixantaine : elle signe d'une grande et ferme écriture — que j'ai dû réduire pour la figurer ici — et qui semble une image de son caractère entier et un peu hautain.

Anthoynette de pons

Il s'agit dans le présent marché de réparations de couverture à exécuter au château de *Guercheville*, modeste résidence pour une si grande dame, que d'ailleurs elle habitait rarement, mais où j'espère démontrer un jour qu'elle était née. L'entrepreneur est Louis Lagogué, maître couvreur d'ardoise et de tuile à *Soisy-Malesherbes*. Il s'engage à faire tous les travaux nécessaires moyennant le prix de 7 livres ts. la toise de couverture en tuile neuve, et de 32 sous ts. la toise pour les parties en tuile vieille.

C'est au couvent des *Mathurins de Fontainebleau* que nous entrons, toujours à la

suite de Mc Morlon, le lundi 24 novembre
de la même année 1625. Nous voyons se
réunir au son du timbre : frère Pierre Pépin,
conseiller et aumônier du Roi, ministre du
couvent de la Sainte-Trinité du château de
Fontainebleau ; frère Pierre Dan, bachelier
en théologie, qui sera ministre à son tour et
déjà, peut-être, songe à écrire son *Trésor
des Merveilles* — il signe ainsi :

puis frère Paul de Flüns, prieur de *Saint-
Louis-de-Beaulieu* en la forêt de Fontainebleau, et deux ou trois prêtres, tous religieux
mathurins dûment convoqués pour aviser
aux affaires du couvent dont ils forment la
plus grande et saine partie. Doit-on
décider sur d'importants intérêts ? Mon Dieu,
non. Il faut tout simplement passer bail, « à
tiltre de chef cens foncier annuel perpétuel »,
à Etienne Bissanger, marchand privilégié de
la Cour, demeurant à Fontainebleau, de
deux arpents de terre en une pièce, au lieu
dit *le Chantier*, aboutissant d'un bout sur
la *rue Saint-Merry*, et d'autre bout sur les
terres vagues qui avoisinent la forêt, et ce

moyennant 8 deniers par. de cens l'arpent.
Ici les noms des bailleurs sont à peu près le
seul intérêt de l'acte.

Il en est autrement dans la pièce que je
trouve ensuite, datée du 15 septembre 1662,
et reçue par Me Boucher, notaire royal,
dont l'un des clercs, Pierre Pinguet, porte
un nom bien connu. L'église Saint-Pierre
d'*Avon* avait besoin de réparations sérieuses
notamment à sa tour : il fallait abattre la
« goutte » du côté de la fontaine aujour-
d'hui disparue[1]; abattre aussi les deux
pointes de pignon et refaire les deux « tre-
meaux » de toute leur hauteur; abattre enfin
et refaire la couverture du clocher. Denis
Leclerc, maître maçon à Fontainebleau,
s'engage envers Claude Brunelet, chauffour-
nier à Avon, et Claude Girard, marchand à
Fontainebleau, marguilliers de l'Eglise
d'Avon, à faire les travaux sus-énoncés moyennant 250 livres, en outre de la fourniture par
les marguilliers de tous les équipages nécessaires, cordages, boulins, « chaffaux »,
échelles, etc. Il y a sans doute urgence, car
nous sommes au vendredi et les travaux
devront commencer le lundi suivant. A l'acte
intervient pour l'approuver Me Louis Chabouillé, procureur du Roi en la prévôté de
Fontainebleau.

1. En réalité elle existe encore, mais sous le chemin
qui sépare l'église de ce qui fut le séminaire ; elle ali-
mentait le canal de cet établissement.

Brouillons un peu l'ordre des temps pour
ne pas quitter *Avon*, et parcourons l'acte du
6 janvier 1671 « passé sous le porche de
l'église » et reçu par Me Ratault, l'un des
successeurs de Morlon. En voici l'objet et
l'économie : les marguilliers en charge,
François Deschâteaux et Jean Châtignier,
auraient représenté aux principaux habitants de la paroisse qu'il était besoin d'aller
à Paris pour obtenir la confirmation des
privilèges desdits habitants ; mais que ce
voyage devait entraîner des frais que les
délégués ne pouvaient supporter. Pourquoi,
réunis à l'issue et sortie de la grand'messe,
les habitants auraient donné mandat aux
dits Deschâteaux et Châtignier d'agir et
faire tout ce qu'il conviendra, s'engageant
chacun pour sa cote part à rembourser les
deniers avancés.

Lorsque Louis XIV, en novembre 1661,
avait créé la paroisse Saint-Louis de *Fontainebleau*, il avait décidé en même temps
la formation d'un cimetière — fin finale de la
pauvre humanité — hors du bourg et proche
la *rue des Buttes*[1] ; en outre une rue de

---

1. Ce cimetière, vendu comme bien national, à la Révolution, occupait l'emplacement aujourd'hui circonscrit par
les rues de la Paroisse, Saint-Merry, de la Cloche et Béran-
ger, naguère encore rue des Petits-Champs — Le nom de
rue des Buttes était donné à la partie de la rue Saint-
Merry allant de la rue de la Paroisse à celle des Bois.
Son prolongement jusqu'à la rue de Neuville date de 1840
seulement, lors de la création de la caserne d'infanterie sur
les anciens terrains du clos d'Argouges.   E. B.

quatre toises de largeur devait être ménagée
en dehors de la clôture dudit cimetière pour
« tendre et conduire » de la *rue Saint-Honoré*
au *quartier des Suisses*. C'est en conformité
de cette décision qu'un certain nombre
d'habitants de Fontainebleau étaient réunis,
le 20 Avril 1662, en la maison curiale, et
par-devant Me Tamboys, notaire, pour recevoir des mains de Mre Charles Le Bègue,
écuyer, trésorier général des bâtiments du
Roi, le prix de deux arpents de terrain par
eux vendus à Sa Majesté. Ces deux arpents
appartenaient à dix-neuf propriétaires parmi
lesquels : Nicolas Jamin, concierge des jardins du parc ; Pierre Grégoire, maçon ; Guil-
laume Paulmyer, huissier ; Claude Casset,
sergent et garde de la forêt de Bière, etc.,
qui furent payés chacun sur le pied de
2 livres la perche, ou 400 livres pour le tout.

D'un cimetière à un fossoyeur la transi-
tion est facile, sinon très gaie. Voici donc
Jean Berthier qui exerce cette funèbre pro-
fession et qui, sur le point de quitter le
pays, cherche à tirer parti de ce qui lui
appartient à Fontainebleau. Comme les voyages de la Cour amènent une nombreuse
population flottante et un surcroît de commerce, il loue pour *les séjours du Roi* à Fontainebleau pendant trois années consécu-
tives des écuries et autres bâtiments qu'il
possède *rue de la Cloche*, à Adrien Charpentier, chapelier à Fontainebleau. Le bail,

devant Me Boucher, est du dimanche 18 juin
1634. Les conditions de prix ne sont pas
exorbitantes : 20 livres par chaque mois que
le Roi passera à Fontainebleau, en décomp-
tant au prorata les séjours de moins d'un
mois et faisant grâce de ceux de moins de
huit jours — le fait se présente en janvier
1637.

C'est encore au bas d'un bail que je trouve
la signature de Me Robert Jamin, concierge
de la *cour du Cheval blanc*, un personnage,
comme on sait, et comme l'indique bien la
netteté de ces caractères qui ne va pas san

Jamin

une certaine coquetterie. Le preneur est
Claude Souchard qui loue pour deux ans à
commencer à Pàques 1664, un « estault »
dans la *Boucherie de Fontainebleau* [1], moyennant 8 livres ts. par an. Avec un tel loyer la
« réjouissance » était sans excuse.

Je saute presque sans m'y arrêter une

1. La boucherie de Fontainebleau était installée sur le
terre-plein de la place au Blé, propriété de la famille Jamin.
La Ville en fit l'acquisition le 3 fructidor an XIII (21 août
1805). E. B.

quittance du 7 août 1630 qui ne me fournit guère qu'un nom, celui de fr. Paul de Flüns que nous avons déjà cité, mais qui est dit cette fois: prieur du prieuré *Notre-Dame-de-Franchard*. Cependant en fin de cette quittance se trouve un corollaire qui mentionne « honneste femme Madeleine Plaisance, femme d'honorable homme Pierre Poisson, peintre pour sa Majesté [1], demeurant au château de Saint-Germain-en-Laye », laquelle paye une certaine somme à valoir sur ce que le dit Poisson peut devoir à Jacques Bignet, maçon à Fontainebleau. En effet Pierre Poisson, dont la signature est ci-dessous fidèlement

reproduite, était propriétaire d'un « logis »

---

1. De 1613 à 1643. Fils de Louis et père de Jean, fut chargé en 1639 de la restauration des trophées de chasses, ornements, peintures, etc., de la galerie des cerfs.

E. B.

touchant l'*hôtel d'Albret*[1] et contigu à la maison dud. Bignet ; et, le 8 juillet 1630, il avait fait marché à 600 livres avec ce dernier pour la construction d'une cave et divers travaux dont un puits. Ce marché notarié est passé en la maison de Jacques Bignet, sous le scel du *Monceau*, bailliage de Moret, et en présence de témoins dont Gilles Poret, « commis au greffe de la prévôté et chastellenie roialle de Samoys et Fontainebleau. »

Il y a bien un brin d'indiscrétion à feuilleter ainsi les vieilles paperasses : on y trouve, par exemple, que Mre François Do, chevalier des ordres du Roi, mourut laissant une situation assez embarrassée pour que ses créanciers dussent se choisir un syndic. On y apprend encore que Me Antoine Paillard, notaire à *Villiers-sous-Grez*, avait emprunté à Pierre Féron, boulanger à Fontainebleau, certaine somme de cent quatre-vingt-douze livres et que, le 27 mai 1630, il s'engagea, par devant son confrère, Me Boucher, à rembourser cette somme en faisant rendre dans les greniers de Féron, avant la Saint-Rémy, 260 boisseaux de blé froment, mesure de Fontainebleau. Le Pactole ne coulait donc pas

1. Place d'Armes et rue d'Avon. Une partie du jardin a été acquise par le roi Louis-Philippe pour agrandir le château.
                                                    E. B.

dans l'*étude* de Villiers... je crois me rappeler du reste avoir trouvé dans les minutes de Me Claye, à La Chapelle-la-Reine, que ce tabellionage était affermé *six livres* par an au profit du marquisat. Ces deux renseignements ne sont pas contradictoires.

Une quittance reçue, Tamboys, notaire, le 24 décembre 1653, met en scène quelques personnes de condition : d'abord noble homme Renault Petit, lieutenant, juge civil et criminel au bailliage de *Moret*, héritier en partie du feu noble homme Nicolas Chabouillé, seigneur de la Mothe, contrôleur en la maison de la feue reine mère ; puis noble homme Etienne Bossu, avocat du Roi au magasin et grenier à sel de *Montereau*, demeurant à *Fontainebleau* dans la maison des *Quatre fils Aymon ;* même que la cave de cette maison ne lui appartenait pas et qu'il avait dû l'acheter, le 15 août 1653, à Jean Rocher, briquetier à *Effondré*, paroisse de Thomery.

Entre des mains habiles, les ventes d'immeubles sont des mines de renseignements pour la topographie ancienne d'une ville. C'est pourquoi je recommande encore celle-ci à l'attention de mon collaborateur peu masqué, E. B. Le mercredi 22 novembre 1634, Marin Dugast, charpentier à *Brolles*, paroisse de Bois-le-Roi, vend à Annibal Mouslé, hôtelier à Fontainebleau, un petit jardin de six perches, sis près la *Grand'rue*, au lieu dit : la *Pointe* [1], et aboutissant sur la rue tendant de Fontainebleau à *la Coudre*; ensemble six perches de terre à faire chennevière, sises au lieu dit : *proche la fontaine Desbouts*. On connaît de reste la dynastie des Desbouts. J'allais oublier de dire que les deux lots étaient payés 105 livres les deux, plus un écu d'or au soleil pour les « épingles » de la femme ; et que le tout était en la censive du Roi à cause de la seigneurie du Monceau.

Le bail consenti par Jacques Chaillou, tenant la poste pour le Roi à *La Chapelle-la-Reine*, le 1er octobre 1630, à Mathurin Courcelles, cordonnier à Fontainebleau, mériterait peut-être d'être signalé puisqu'il concerne une maison de la *rue du Coq-Gris...* mais il ne faut pas plus abuser des bonnes choses que des autres.

Je voudrais pourtant bien encore parler de Louise Henri, une gaillarde ! Fille d'un maçon de Fontainebleau, elle s'en était laissé conter par Antoine Morin, tailleur de pierres... c'était dans l'ordre. Mais Morin avait promis le mariage, et, une grossesse survenant, refusait de tenir sa promesse. Louise n'a recours ni aux larmes, ni aux supplications ; elle adresse au prévôt du lieu une requête tendant à être autorisée à

---

1. Place de l'Étape-aux-Vins, au point de partage de la Grande-Rue et de la rue du Chemin-de-fer.   E. B.

faire emprisonner son séducteur, et à ce qu'il ne sorte de prison que pour l'épouser ou « subir la mort »... avec dommages et intérêts. Brr ! Le prévôt de Fontainebleau ne croit pas devoir aller tout à faft aussi loin : il ordonne bien l'emprisonnement, mais il ne condamne le fiancé récalcitrant qu'à épouser ou à payer, même par corps, 400 livres à celle qui le veut si fort pour mari, plus à prendre l'enfant — quand il sera né — à le faire nourrir et élever jusqu'a ce qu'il soit en âge de gagner sa vie. Rien ne donne des idées matrimoniales comme de voir l'envers des verrous : en deux jours Morin consent à tout ce qu'on veut. Immédiatement Me Boucher — cela se passe le 23 mars 1662 — se transporte aux prisons de Fontainebleau, ayant en poche la grosse de l'arrêt du prévôt, celle même que le hasard m'a mise entre les mains. Il trouve au préau d'abord Mre Michel Thiboust, chapelain en l'église d'Avon, requis par ministère d'huissier ; puis Louise Henry ; puis la mère du condamné, et quelques parents et amis. On tire Antoine Morin « hors des guichets » ; alors, et c'est ici qu'éclate la sincérité des formules, « estant en présence de lad. Henry, il a dict, et elle aussi (parbleu !) que *de leur bonne volonté,* ils *désirent* eux prendre pour époux. » Sans perdre un instant, et les consentements reçus pour toutes formalités, Mre Thiboust « vestu

d'une aube et d'une estolle couleur blanche
procedde à la cérémonye ». (J'allais mettre :
à l'exécution.)

Et dire que ce mariage ainsi... bâclé fut
peut-être heureux !

VIII

Les tribulations d'un gouverneur de Nemours [1].

Si peu que l'on ait étudié l'histoire... romaine, on se rappelle l'anecdote de ce préfet d'une grande ville (*prefectus*) auquel le municipe (*ediles*) refusait l'entrée du logement (*locum*) qui lui était destiné, et dont il ne put prendre possession qu'un peu par surprise, certain jour des calendes de mai que le peuple (*turba*), manifestait au Forum. Ces événements, à ce qu'on rapporte (*ut fertur*), s'accomplirent alors que *Cn. Brutus Constantius*, homme sans scrupules, mais pas un imbécile, menait les affaires (*res*) de la République... romaine.

Ces édiles... romains eurent plus d'un imitateur : ainsi, au XVIIᵉ siècle de notre ère, les échevins de *Nemours* manifestaient moins que de l'enthousiasme à fournir un logement à Messire Pierre de Montleart, chevalier, marquis de Rumont, seigneur de Puiselet, gouverneur et grand bailly des

---

1. D'après des pièces authentiques faisant partie de la collection de l'auteur : dossier *Montléart*.

ville et duché de Nemours, capitaine des
chasses dudit duché, etc. Celui-ci ne se
montrait cependant pas fort exigeant quant
au logement qu'il prétendait lui être dû à
Nemours . Le 4 septembre 1688, continuant
une sommation faite, le 26 juillet, par de
La Noïl, huissier à *Fontainebleau* (descen-
dant d'un ancien pâtissier de la reine-mère
retiré et mort à *Larchant*), il somme les
habitants, parlant pour eux tous à la personne de Louis Crausson, grènetier du grenier à sel et premier échevin de la ville,
d'avoir à lui fournir un logement conve-
nable ou à lui payer 400 livres par an, avec
rappel des années 1686 et 1687. Je sais bien
que rien n'est trompeur comme un chiffre,
et que si vraiment, ainsi qu'on le soutint
plus tard, les revenus de la ville ne dépas-
saient pas 600 livres, il était un peu dur
d'en prélever les deux tiers pour loger le
gouverneur. Aussi les habitants, conduits
par le lieutenant du bailly de Nemours,
Louis Hédelin, et par les échevins, résistent-
ils de toutes leurs forces à cette prétention.
Cette résistance des échevins est bien expli-
cable, quand on songe que différents en
cela de leurs émules modernes, ils se trouvaient généralement à leur sortie de charge
en perte de six à sept cents livres pour deniers avancés. Il faut dire aussi que Messire
de Montleart, jaloux de ses prérogatives,
avait engagé au Conseil une véritable lutte

contre ledit lieutenant, qu'il entendait [em-
pêcher de sortir de ses attributions. Il soutenait par exemple qu'au gouverneur seul
appartenait de procéder au logement des
gens de guerre et de surveiller la distribu-
tion des billets; d'avoir les clefs de la ville;
de conduire et réglementer la milice; de
tenir la main à ce que les bourgeois ne
prennent les armes sans permission, etc.;
toutes choses et beaucoup d'autres encore
dans lesquelles Hédelin, fortement appa-
renté et appuyé, avait tendance à s'im-
miscer. Sans le gouverneur, on convoquait
les habitants; on faisait battre le tambour.
Hédelin, s'autorisant d'un arrêt du
31 mars 1682, prétendait assister à l'élec-
tions des échevins et recevoir leur serment.

M. de Montleart, au contraire, s'appuyait
sur des arrêts non moins formels, soit du
Conseil du Roi, soit de celui de S. A. R.
Monsieur; arrêts dont quelques-uns ne
manquent pas d'intérêt pour nous: comme
celui du 13 mars 1668, pour le sieur de la
Cassaigne, gouverneur de *Montereau*, contre
le nommé de Chineau, lieutenant au bailliage; ou celui du 9 octobre 1679 pour le capitaine de *Moret*; ou encore celui du 27 septembre 1664 pour le gouverneur de *Pont-
sur-Yonne*, contre Anne Hédelin, lieutenant
au bailliage de Nemours. Il est vrai que l'on
cite un autre arrêt contre le gouverneur et
pour les habitants de la même ville.

Quoi qu'il en soit, et si fondé que pût être le marquis de Rumont dans ses revendications, elles n'en créaient pas moins contre lui, dans la ville, une hostilité non déguisée. On ne se gênait pas pour écrire, le 28 février 1691 — soit près de trois ans après l'ouverture du conflit, — dans une requête délibérée en assemblée générale des habitants, sous la présidence de Louis Hédelin :

« Le sieur de Fromonville (prédécesseur de M. de Montleart), n'a jamais prétendu d'autre logement que celuy du chasteau, luy à qui les habitants en auroit accordé un plus volontiers qu'à tout autre, s'il avoit eu droit de le demander, *puisqu'il était natif de Nemours... et aimé de tous les habitants...*»

C'est un coup droit dont M. de Montleart se venge en écrivant dédaigneusement : « Fremonville estoit un roturier... »

Il était Chappottin de par ses pères : en 1604, Charles Chappottin était receveur des aides en l'élection ; quant à notre homme, il s'intitule Louis Chappottin, chevalier, seigneur de Fromonville, Pleignes et autres lieux.

Mais, en vérité, pourquoi le gouverneur ne logeait-il pas au château ? — Il préférait en tirer parti, répondent ses adversaires, et le louer au sieur du Plessis, valet de chambre de Madame. — Non, Plessis est capitaine du château ; y loger est conforme à ses provisions. — Les provisions du gouverneur

portent union des deux charges. — Faux. —
Et de fait Claude Lemaître, sieur du Plessis,
paraît bien être capitaine du château.

Dans tous les cas, continue la requête, le
gouverneur s'y était réservé une chambre
pour lui et une pour son valet, une grande
écurie, les greniers et les logements de
dessus la porte, un jardin et d'autres com-
modités. Il a même stipulé qu'on lui fournirait les dites chambres garnies de lits. De
plus, il s'est fait adjuger par le Conseil de
S. A. R. — Hédelin aurait pu préciser la
date : 21 juillet 1690 — un petit jardin
dépendant du château et que le sieur du
Plessis avait donné à loyer moyennant cent
sols par an. Pourquoi M. le Gouverneur
fait-il argent de ce qu'il s'est réservé dans
le château ? Pourquoi loue-t-il le dessus de
la porte 30 livres (ici M. de Montleart cor-
rige en marge : 20 livres) ; un petit logement
qui est dans la cour, 5 écus (la marge dit :
12 livres) ; l'écurie, 10 écus (la marge :
25 livres) ; les greniers, encore autant. Car
« le sieur de Montleart » ne laisse rien perdre
de ses profits : il jouit d'une grande prairie
dite l'*Ile du Château*, dont il tire plus de
200 livres, tant pour le foin que pour le blan-
chissage — aujourd'hui on dit : blanchiment
des toiles ; sous prétexte de droits de vues et
de portes, il frappe d'un tribut les bourgeois
dont les maisons aboutissent sur les fossés
du château — aujourd'hui ce n'est plus un

« prétexte », c'est l'impôt des portes et fenêtres : cherchez le bénéfice. Bref, il fait si bien qu'il fait monter les émoluments de sa charge à plus de... *cinq cents livres* par an ! Bonté divine, pouvait-on s'attendre à une aussi grosse somme !

Mais sa maison de *Puiselet* [1], où il demeure ordinairement, est aux portes de Nemours. — Non, à une lieue — en quoi le marquis a raison — et encore n'est-ce qu'une grange. — Mais M. de Montleart possède dans la ville une grande maison — il l'a héritée de son père — que ne l'occupe-t-il au lieu de la « bailler à loyer... » Donc, quand il demande un logement aux habitants, ce n'est pas pour nécessité de se loger, mais pour en tirer de l'argent à la *foulle* (de : fouler) du peuple.

On comprend l'exclamation de M. de Rumont : « la requête est insolente ! » et le refus des échevins de la signer. Elle est de plus peu juridique et pleine d'arguments *ad hominem* qui ne détruisent pas celui du gouverneur : « Vous devez me loger. » Elle semble pourtant avoir fait impression et avoir porté, car M. de Rumont, qui a conservé presque toute la procédure jusqu'à la commission, en date à Versailles du 5 mai 1691, chargeant Phélypeaux de régler la contestation, n'a pas gardé dans ses

1. Paroisse de *Saint-Pierre-lès-Nemours*

archives l'arrêt définitif : il ne lui était donc pas favorable. De plus, le 27 juillet 1692, il emprunte de Pierre Lefebvre, lieutenant particulier au bailliage de Nemours, trois mille livres à appliquer au prix d'une maison, *rue du Cimetière ;* et s'il avait acquis cette maison, n'était-ce pas pour y loger ?

Je crois bien que son fils et successeur faisait sa demeure au château, ainsi qu'il paraît résulter du procès qu'en 1728 Jean-Pierre de Montleart soutient contre un cabaretier de Nemours, Nicolas Méry, procès dans lequel l'héritier Hédelin montre tout son mauvais vouloir à l'égard de l'héritier Montleart.

Car la rivalité du gouverneur et du lieutenant au bailliage n'avait pas pris fin avec l'affaire du logement, quelle qu'en ait été l'issue.

En vain, le 16 mars 1691, le duc d'Estrées de Lauzières, lieutenant général au gouvernement de l'Ile-de-France, avait-il tenté de concilier les parties et leur avait-il imposé un *modus vivendi,* au moins touchant le ban et l'arrière-ban. Les privilèges du gouverneur à l'église choquaient MM. du bailliage : on les attaqua et il fallut l'intervention du Parlement et un arrêt formel pour assurer, en 1696, à M. de Rumont, la jouissance de la première place au côté gauche du chœur. On soutenait, pour le priver de son banc d'honneur, qu'il y faisait asseoir

ses domestiques : pure calomnie. Si Pierre
de Montleart était célibataire à son arrivée à
Nemours, à l'automne de 1686, il n'avait
pas tardé à convoler en justes noces : et le
propre frère du Roi, la duchesse Elisabeth-
Charlotte et leurs enfants avaient signé à
son contrat, le 28 avril 1688. Le marquis
de Rumont et Jeanne Morel, son épouse,
étaient assez bons chrétiens pour occuper
leur banc eux-mêmes.

Au surplus, le banc contesté avait été
mis en présence et du consentement de
l'Archevêque de Sens et du prieur-curé de
Nemours ; les officiers n'avaient aucune
qualité pour s'y opposer. Seul, *Monsieur*,
comme seigneur de Nemours et par consé-
quent « maître de l'église », pourrait l'empêcher, « et il ne s'en plaint point ». Pas
plus que de voir son représentant, qui est
en même temps celui du Roi, encensé le
second, c'est-à-dire immédiatement après
la première dignité ecclésiastique ; avoir le
premier le pain bénit ; aller à l'offrande le
premier des laïques, ou marcher seul et
devant les officiers royaux et municipaux
aux cérémonies publiques. Il n'eût pu être
jaloux que d'une chose, bien faite d'ailleurs
pour récompenser le pauvre gouverneur de
tous ses déboires : c'était que M. de Montleart
eût seul, aux jours de *Te Deum*, à la tête des
officiers, une chaise... avec un tapis ! Mais
il comprenait bien que le prestige du fonc-

tionnaire et du Roi, dont il était l'émanation,
était infiniment plus rehaussé par ces honneurs, un peu exagérés, si l'on veut, que
par la richesse de ses émoluments, fussent-
ils même de *cinq cents livres* par an !

———

IX

Pourquoi et comment le seigneur de Diant s'en fut à Montereau[1].

Dans sa promenade *de Montereau à Châ-teau-Landon*, que ses lecteurs n'ont pas oubliée, mon ami Paul Quesvers nous a fait entrer au château de *Diant*, nous en a énuméré les anciens seigneurs, et, résumant un article de l'*Abeille de Fontainebleau*, nous a raconté le siège soutenu par Louis II Allegrain, en 1714, contre les archers qui venaient installer à sa place, *manu militari*, un certain Jean Tarot, fermier judiciaire de la seigneurie. Mon docte ami a négligé de rappeler — peut-être l'ignorait-il — une expulsion un peu antérieure et dont celle avortée de 1714 aurait pu passer pour la punition. Comme je ne la trouve mentionnée nulle part, j'en vais donner un véridique récit. On n'y verra ni « coups de fusil et autres armes à feu », ni retraite en bon ordre des assaillants : le malheureux vieillard chassé de son logis n'oppose qu'une

---

1. *Papiers de la prévôté des maréchaux de Melun et Nemours*. Arch. Dép. de Seine-et-Marne, B. partie non inventoriée.

touchante résignation, et les exécuteurs de
la loi restent maîtres de la place.

Louis Allegrain avait-il mérité le traitement douloureux que le sort lui infligeait ?
Avait-il gaspillé une importante fortune ou
bien n'avait-il jamais été riche ? Son père,
Jacques Allegrain, paraît avoir occupé une
certaine place dans la société ; mais en présence de quel actif se trouvèrent ses héri-
tiers ? Autant de questions sans réponse.
J'ai bien constaté dans la part de Louis une
rente constituée sur le clergé, de 83 l. 6 s.
8 d. dont il touche encore les arrérages en
1702... mais on ne peut guère prendre ça
pour un renseignement.

Enfin, patrimoine insuffisant et dès long-
temps compromis ou mauvaise administration, fautes personnelles ou circonstances
défavorables, Allegrain se débattait, au dé-
clin de sa vie, au milieu des embarras d'une
situation critique. Il connaissait le malheur
des procès et venait échouer, le 20 décembre 1706, à un arrêt sur requête accordant à Pierre Satier, « bourgeois de Paris »,
la ferme judiciaire de la terre de Diant. Sur
cette action principale introduite au Parlement par les créanciers du vicomte, s'en
greffaient deux autres : la première, dont le
détail m'échappe, à laquelle étaient mêlés
Louis Allegrain fils, Louis duc de Bour-
bon, etc., et la seconde entre Jean-Baptiste
Coureaud, chevalier, seigneur de Chérigny,

colonel d'infanterie, partie dans la première et subrogé à la poursuite des criées de la terre de Diant, et Renée du Rousset de Médavy et ses enfants, et plusieurs autres opposants à la saisie réelle. Allegrain avait naturellement lutté de toute son énergie et, usant des moyens dilatoires que lui offrait la procédure, il avait réussi à gagner plus d'une année. C'était même là son seul gain, car, le 24 février 1708, le Parlement donnait un double défaut : le premier au profit du sieur de Chérigny, le second pour Pierre Satier, par Andrieux, son avocat, contre Louis Allegrain qui avait formé une opposition à l'exécution de l'arrêt de 1706, et ne s'était pas présenté, « ni personne pour lui », pour la défendre. Il ne restait plus qu'à mettre, bon gré mal gré, Pierre Satier en possession [1].

Quinze jours à peine s'étaient écoulés depuis l'arrêt du Parlement, qu'avec une rapidité à laquelle Messieurs de la Justice — je parle de l'ancienne — ne nous habituent guère, François Nioche, écuyer, prévôt de la maréchaussée de Melun et Nemours, Pierre Chesneau, son greffier ; Charles Piffault, exempt, et neuf archers, une petite armée, quittaient *Melun* et s'en allaient à *Morel* demander à Augustin Bellamy, lieutenant au bailliage, de se joindre à eux. Ils

---

1. Arch. Nat. X¹ᵃ 3238 et 6823.

passent à Moret la nuit du 12 au 13 mars, et
le 13, à 6 heures du matin, montent à cheval — remarquez qu'ils étaient *treize* — et
prennent le chemin de *Diant*. Ils y arrivent
sur les neuf heures, mettant en émoi la population du lieu.

Les portes du château sont ouvertes ; ils
descendent de cheval, déclinent leurs noms
et qualités au domestique qui se présente,
et Bellamy, Nioche et Chesneau sont intro-
duits auprès du vicomte encore au lit En
vertu des arrêts dont le greffier lui donne
lecture, ils le somment de déguerpir au plus
vite

Le pauvre homme avec des larmes dans
la voix, proteste « qu'il est bien malhureux
— je copie le procès-verbal ; qu'on a donné
de faux mémoires contre luy ; qu'il saura
bien les confondre ; qu'il s'ira jeter aux pieds
de Sa Majesté pour luy demander justice » ; et tout ce que la douleur peut lui
inspirer.

Un prévôt de la maréchaussée n'a pas
l'habitude de s'émouvoir ni de se laisser
attendrir : il est venu pour expulser, il
expulsera ; pourtant nos trois officiers écou-
tent assez patiemment le malheureux exha-
ler son chagrin. Celui-ci d'ailleurs ne songe
pas à résister ouvertement ; il se contente
de parlementer, sans grand espoir, hélas !
que d'obtenir peut-être quelque délai.

Et encore ne lui a-t-on pas tout dit... En

présence de ses larmes, Nioche et Bellamy
hésitent, et tout le monde s'en va déjeuner
pour se donner des forces et du courage.

Quand ils reviennent, Allegrain paraît
résigné à son sort; il se soumet à ce qu'on
exige de lui, priant seulement qu'on lui
laisse passer encore une fois la nuit chez
lui. Justement l'heure s'avance et toute la
tâche n'est pas remplie : le délai demandé
est donc accordé; mais en même temps
Chesneau donne lecture au vieillard d'un
arrêt obtenu contre lui par son propre fils,
Louis II Allegrain. Tous les meubles du
château, les récoltes, les bestiaux, les provisions vont être saisis à la requête dudit
Louis II. Le père se tait, ce dernier coup
l'abat. Il est cinq heures : l'opération commence, se poursuit et s'achève, terminant
cette triste journée.

Le lendemain matin, dès 7 heures, nos
gens sont debout, et se présentent chez le
pauvre vicomte, lui faisant une nouvelle et
dernière sommation de partir. Il pleure
encore, mais ne demande plus cette fois que
le temps de mettre en un paquet ses
« hardes » et celles de sa femme; de pré-
parer au moins, parmi les choses que son
fils lui a laissées, celles qui lui seront indispensables là où il va. Il range aussi des
liasses de papiers, et requiert le greffier de
les placer dans une chambre sur la porte
de laquelle on appose les scellés. Entre temps

il a dépêché, à *Montereau*, un valet chez le
sieur Bossu, avocat du Roi, son conseil et
son ami; il attend le retour de son envoyé.
La réponse de l'avocat arrive : tout est prêt;
on peut partir.

Mais la moitié des habitants de Diant sont
réunis à la porte du château, attirés les uns
par la curiosité, les autres par l'intérêt qu'ils
portent encore à leur seigneur si cruellement
éprouvé. Alors le malheureux qui ne va plus
avoir d'autre asile que le toit d'un ami, se
redresse dans son infortune : c'est en châtelain qu'il a vécu dans ce pays, c'est en
châtelain qu'il en partira. Il fait choisir sa
plus belle voiture, son carrosse; y fait at-
teler ses quatre chevaux, y monte avec sa
femme, et, conduit par son cocher, escorté
par ses valets, il sort du château au grand
galop et va chercher à *Voulx* la route de
Montereau. L'avocat Bossu s'est engagé envers les gens de justice à faire réintégrer
l'équipage et les chevaux saisis comme le
reste, et la maréchaussée et ses acolytes n'ont
plus qu'à regagner Moret et Melun.

Si Pierre Satier, le fermier judiciaire,
est à la porte, il peut entrer : la place est
libre.

Louis Allegrain ne survécut pas long-
temps à ces douloureux événements. Eut-il
avant de mourir la consolation de rentrer
chez lui? Je le souhaiterais, mais je l'ignore.
Je sais seulement que Monsieur son fils ha-

bita le château de Diant, et que, par un
« juste retour des choses d'ici-bas », il fut,
ainsi que je l'ai rappelé en commençant, sur
le point de s'en voir expulsé. Par suite de
quels arrangements était-il redevenu propriétaire du domaine paternel : c'est ce que
seul l'historien de Diant et de la famille
Allegrain pourrait avoir intérêt à rechercher.

X

Amusements de prétoriens [1].

Je me suis laissé dire que chaque impri-
meur de journaux, un peu bien monté, possède, composés d'avance ou même clichés,
les membres de phrases dont il fai le plus
fréquent usage. On trouve, paraît-il, dans
cette collection de poncifs, des échantillons
de tous les styles, depuis le simple : *On nous
écrit de* (no 1), jusqu'au menaçant : *Où s'ar-
rêtera l'audace des gens qui nous gouvernent ?*
(no 29) ; en passant par : *Une enquête est ouverte* (no 5), et par : *qui rappelle les plus
mauvais jours de notre histoire* (no 17). Si
l'on ne m'a pas trompé, le titre même de
cet article serait le cliché no 12. Et voici le
no 13. *Les gaietés du sabre.*

La première de mes histoires de soldats
sera le sujet de placer deux autres de ces
clichés : *ville d'ordinaire si paisible a été
mise en émoi* (no 9), et : *les excès d'une sol-
datesque effrénée* (no 23). Oncques n'eut-on
l'occasion de mieux appliquer le premier

1. Même source que le no précédent.

qu'à *Moret*; quant à la conduite du cavalier Faguier, du régiment de Lambesc, elle fut, comme on va le voir, positivement excessive.

Imaginez-vous qu'il était en garnison ou en séjour à *Fontainebleau* ; je ne sais ce qui l'amena à Moret le vendredi 19 janvier 1712 dans la soirée ; toujours est-il qu'il y arriva légèrement ivre. Il était en train d'attacher son cheval à quelque anneau dans la rue, quand il entendit sortir de la maison auprès de laquelle il était arrêté des sons mé lodieux.

— On danse ici ! s'écrie-t-il, et sans moi ! Pan, pan ! ouvrez ! — Mais on ne danse pas, lui répond un homme apparaissant ; il n'y a pas de bal chez moi. — Je vous dis que l'on danse... — Non ! Châtelain, mon ouvrier se marie demain, et nous sommes cinq ou six qui soupons tranquillement. — Et la musique ! — Oh ! c'est François Decourcelle, l'organiste de notre paroisse, qui nous joue un petit air de violon. — Tout ça c'est des histoires, et je veux entrer danser avec vous.

L'homme persiste à dire que l'on ne danse pas ; Faguier se fâche et se met à crier très fort. Châtelain sort au bruit et veut repousser le soldat qui tire son sabre et en frappe au bras le marié du lendemain : la manche est coupée, la peau même est effleurée. On crie à l'aide ; les voisins arrivent : bagarre. Faguier est appréhendé au corps. On le traîne chez Carré, le maire, qui donne l'ordre de conduire le perturbateur à la prison. Ce n'est pas chose facile : en route Faguier se débat ; on réussit à lui arracher son sabre, mais son justaucorps est déchiré par le cordonnier Jolly, à ce qu'il paraît.

La nuit se passe par là-dessus et, le samedi matin, l'ivrogne dégrisé est remis en liberté ; son sabre lui est rendu et tout serait terminé sans le malheureux justaucorps : le soldat prétend ne pas rentrer à son régiment avec un vêtement déchiré ; il exige qu'on lui en fournisse un autre ; ce à quoi l'on se refuse naturellement. Il part, mais en proférant des menaces.

Le lundi, cinq cavaliers font une entrée bruyante dans Moret ; le pavé des rues sonne sous les pieds de leurs chevaux : c'est Faguier qui revient de Fontainebleau avec du renfort ; quatre de ses camarades, Paulmier, Miroblon, Satin et Morel. Tous les cinq, un peu surexcités, s'en vont chez Bellamy, le lieutenant au bailliage, puis chez Jacquart, le procureur du Roi, demander justice. Ces deux magistrats les éconduisent et refusent de faire payer le justaucorps, objet de l'émotion. Alors nos sacripants s'installent dans Moret comme en une ville conquise, faisant de l'auberge du *Cygne de la Croix* leur quartier général ; ils parcourent les rues en poussant des cris furibonds. En vain un officier de la prévôté, François

Paintandre, cherche à leur faire entendre raison ; toute la journée du mardi, la moitié de la ville est sur pied. Châtelain et Jolly ont quitté leurs maisons, et la colère des soldats se décharge sur les premiers venus. On a toutes les peines du monde à protéger le maire. Bref, c'est une révolution.

Mais ce fut bien le reste quand, dans la nuit du mercredi, on entendit un fracas épouvantable chez Jolly. Les cinq compagnons avaient forcé la porte et mettaient tout au pillage dans la maison, sortant les meubles l'un après l'autre et les jetant à moitié brisés dans la rue. Avec une remarquable bravoure, les habitants accourus... laissent faire ; quant aux autorités... elles s'abstiennent. Nos cavaliers transportent, sans être inquiétés, les meubles de Jolly chez Rousselet, leur aubergiste, qui a d'ailleurs le courage de les refuser ; puis chez un « particulier » qui reçoit le dépôt. De six écus trouvés dans une serviette — toutes les économies, peut-être, du pauvre cordonnier — on imagine ce qu'ils firent ; pour les meubles, ils avaient la prétention de les vendre le lendemain afin de payer le fameux justaucorps. S'ils s'en abstinrent, c'est qu'on prit enfin des mesures énergiques : on envoya jusqu'à Fontainebleau prévenir le chef de la compagnie et, *ultima ratio*, on appela la maréchaussée.

Les ardeurs belliqueuses se calmèrent un

peu ; pourtant, avant de rejoindre leur régiment, Faguier et ses camarades poussèrent une pointe jusqu'aux *Sablons* où Châtelain, leur avait-on dit, s'était réfugié. Ils pensèrent faire mourir de peur une pauvre femme qui refusait de leur indiquer la retraite du fugitif, et mirent tout sens dessus dessous. Même scènes à *Saint-Mammès*. Heureusement pour Châtelain et pour Jolly qu'ils furent introuvables : leurs fougueux ennemis cessèrent de brandir leurs grands sabres, quittèrent le pays et s'en allèrent à Fontainebleau recevoir — je le souhaite pour la discipline — la juste récompense de leurs exploits. Je n'ai pas, d'ailleurs, cherché à connaître les suites de cette équipée.

Une seule chose m'inquiète : Châtelain s'était-il marié le samedi ? Drôle de lune de miel, alors.

Presque aussi mouvementées avaient été les vacances que le jeune Pierre-Jacques Guiart, étudiant en médecine à Paris, était venu passer, à l'occasion du jour de l'an de 1711, chez son père Jacques Guiart, avocat en Parlement, conseiller au Châtelet et docteur en médecine à *Melun*. Elles furent marquées par un incident assez désagréable.

Pourquoi, diable ! aussi, quand on est blanc-bec, se mêler de donner une leçon de politesse à un officier portant moustaches ? En deux mots, voici le fait :

On avait soupé chez Pierre Chesneau, procureur au Châtelet de Melun — n'était-il pas
en outre un peu greffier de la prévôté
des maréchaux ? Dans tous les cas c'était le
beau-frère de Jacques Guiart. Après le souper, il y avait « eu des violons » — toujours
comme à Moret — et l'on avait joué aux petits jeux dits innocents. Parmi les joueurs
se trouvait Colleau de Barnauche, officier
dans je ne sais quel régiment, et fils de
Colleau, le conseiller au présidial. On nous
le dépeint comme une espèce de matamore
et d'avale-tout-cru : vous allez voir qu'on
paraît être dans la vérité. Sa bonne chance
lui donnait le droit d'embrasser une jeune
fille de la société. Sans lever son chapeau,
il s'approche de la personne et lui prend un
baiser.

— Depuis quand, lui dit en riant le jeune
Guiart, embrasse-t-on les demoiselles le
chapeau sur la tête ?

Il faut reconnaître que l'attaque était di-
recte. Colleau le prend de très haut, et menace de couper les oreilles à l'impertinent ;
il le provoque même à venir sur le champ
se mesurer avec lui. Le jeune homme, qui
pour épée porte une lancette, ne l'entend
pas ainsi et préfère se conserver à ses malades à venir. D'ailleurs on s'interpose, et
tant bien que mal on calme messire Colleau.
Mais la soirée est compromise, chacun songe
au départ. En prenant congé de son oncle,

Pierre Guiart lui raconte qu'il doit aller le lendemain au *Coudray*, chez Mᵉ Rouillé, conseiller d'Etat, seigneur du lieu. Colleau saisit le renseignement au vol et, renouvelant ses provocations, ne se cache pas pour dire qu'il attendra l'étudiant sur le chemin et l'*assassinera*...

On n'est qu'à demi rassuré chez Guiart. Pourtant le voyage n'est pas contremandé : seulement on partira de bonne heure, et le père accompagnera son fils jusqu'à l'*abbaye du Lys* où il doit voir des malades. Mais le lendemain diverses circonstances imprévues retiennent Jacques Guiart à Melun toute la matinée : il fait donc partir son fils Pierre, mettant son second fils en croupe pour ramener le cheval. Lui-même s'achemine, un peu plus tard, vers l'abbaye.

Comme il allait sortir de Melun par la *porte de Bière*, il est croisé par l'officier rentrant en ville à bride abattue. Saisi d'inquiétude, le médecin hâte le pas et arrive auprès d'un groupe entourant ses deux enfants.

On lui raconte alors que, du bastion appelé *le Calvaire*, on a vu Colleau arrêter le cheval, forcer le jeune homme à descendre et vouloir contraindre son adversaire malgré lui à mettre l'épée à la main. Celui-ci, peu batailleur de sa nature, s'y refusait obstinément : Colleau alors l'avait frappé d'un fouet et poursuivi jusqu'au bord du

fossé; il l'y aurait peut-être précipité si, aux cris de l'enfant resté sur le cheval, on n'était accouru pour l'en empêcher. En présence des dispositions peu bienveillantes des assistants, l'officier avait sauté en selle et s'était enfui. Il court encore.

Pierre Jacques Guiart n'est pas mort de cette alerte si chaude; il a même fait son chemin, car je l'ai retrouvé, en 1729, médecin du Roi au Châtelet de Melun.

Les scandales de Fontainebleau

Aimez-vous le scandale ? On en a mis partout

J'ai reçu la lettre suivante :

Monsieur,

Je lis avec un certain intérêt vos *Petites notes gâtinaises*, mais je commence à trouver qu'elles manquent de *montant*. Il semble que vous en ayez banni de parti-pris ces anecdotes légères et même un peu risquées qui fourmillent dans les Annales d'autrefois, et dont nous ne sommes pas assez niais pour nous effaroucher. Pourquoi ? Elles apporteraient à vos histoires ce je ne sais quoi d'émoustillant qui réveille l'attention, et qui leur fait, laissez-moi vous le dire, un peu trop défaut. Il faut être de son temps, Monsieur, et oser parler de tout à des gens qui veulent tout savoir. — Agréez, etc.

Ce lecteur, qui est assez bon pour me suivre « avec un certain intérêt », a peut-être raison : il faut être de son temps. Et le nôtre est le temps des *scandales* : scandales au nord, scandales au midi, scandales chez nous, scandales chez nos voisins, scandales partout. C'est une rubrique sous laquelle la matière ne chôme pas. Pourquoi donc *Fontainebleau* n'aurait-il pas aussi les siens ? Ce serait, s'il en a eu jamais, une injustice lui faire que de les cacher ; et, puisque les lecteurs veulent être « émoustillés », j'en vais raconter de roides. Il est malheureusement possible que je n'arrive pas du premier coup à la perfection, et que ce qu'on va lire soit encore trop doux ; que mon correspondant anonyme me le pardonne : ce sera mieux une autre fois.

Il paraît qu'en novembre 1764 le séjour prolongé à la campagne des gens du bel air, et l'absence de la Cour, alors à Fontainebleau, privaient de tout aliment la chronique scandaleuse de Paris. Certain agent spécial, le sieur Marais, s'en plaint assez naïvement à son chef, espérant d'ailleurs qu'avec la fin du mois la vie reprendra dans le monde où l'appellent ses fonctions délicates. Ce sont donc, au contraire, les voyages de Fontainebleau qui doivent nous fournir, à nous, la meilleure partie de notre moisson d'anecdotes [1].

Quel joli scandale, par exemple, cause un beau matin Louis le Bien-Aimé s'en allant, sur les 6 heures, en forêt, avec Mmes de Mailly et de Vintimille, assister au rut des cerfs, et s'en revenant sans avoir rien vu :

---

1. *Journal de Police.* Bibl. Nat. mss. fr. 11357 à 11360.

ces braves animaux, sans doute intimidés, au lieu de daguer, comme on l'espérait, se contentaient de bramer... Mais d'Argenson a eu l'indiscrétion de conter cette histoire avant moi, et je suis bien obligé de la passer. Ce serait encore une Majesté qui nous fournirait un beau sujet de scandale, si le meurtre de Monaldeschi n'avait déjà défrayé toutes les chroniques plus ou moins historiques. Et puis, à l'odeur du sang, je préfère celle de la poudre et de l'iris.

Or, avec la Cour, arrivent ici l'Opéra et les autres spectacles, comme dit Figaro : soit tout un monde de jeunes beautés accueillantes et faciles, menant après elles un cortège d'adorateurs. Je ne crois pas qu'on ait jamais rappelé le nom que portaient alors ceux qui furent, beaucoup plus tard, les gandins et les gommeux, avant de devenir les petits crevés et les petits vernis : on les avait baptisés les *agréables*. Ce sont eux qui, en 1763, poursuivent la belle Mlle Eglée ; elle se moque d'eux et, au retour à Paris, se laisse entretenir par le coureur du prince de Beauvau.

Ce sont encore, les *agréables*, qui sont cause des ennuis arrivés à Mme Mars et à Mlle Baize. Ces dames étaient venues à Fontainebleau avec un italien, le marquis Ferati. Il leur avait loué une maison pour tout le voyage, les y avait confortablement installées, et ne devait rien épargner pour leur rendre, pendant ce temps, la vie heu-

reuse. Un jour, la petite Baize, aussi incon-
séquente et légère que jolie, accepte d'aller
souper au château, chez le procureur général
Joly de Fleury; des jeunes gens s'y trouvent
et l'on s'amuse toute la nuit; mais les
agréables jasent si bien que le marquis, informé de l'escapade, met ces dames à la
porte. Le prince de Guémenée prend pitié
d'elles et leur loue un autre appartement :
comme un guignon, voilà que les mêmes
agréables vont faire tapage chez les pauvres
filles qui n'en peuvent mais. Quoique d'ordinaire assez tolérante, la prévôté envoie
chercher non les coupables, les victimes, et
leur fait les gros yeux : la petite Baize part
dans la nuit avec M. de Buzançois qui la
ramène en poste à Paris, ne prend pas d'ailleurs la chose au sérieux, et abandonne la
belle quand le marquis de Clermont-Ton-
nerre se présente.

Quant à Mme Mars, elle s'était arrangée
avec un étranger qui la garde à vue et ne
sort point de chez elle. Cette dame Mars
était une habituée des *voyages* ; seulement
l'objet qui l'y amène ou l'y retient change
chaque fois : une année, c'est M. de Laval ;
une autre année, c'est le comte d'Usson,
avec lequel elle vit plus de dix jours et qui
exige d'elle une discrétion absolue : celle-ci,
c'est donc un étranger — il faudrait dire
deux étrangers.

Déjà, on le voit, les étrangers étaient la

providence du *monde où l'on s'amuse* ; et les Anglais tout particulièrement. Mais, les sachant riches et peu généreux, on s'ingéniait à qui mieux mieux contre leur bourse. Les *filles du monde* avaient même un prix, fondé par elles, à décerner à celle qui, le plus rapidement, aurait mis à sec un Anglais. Est-ce l'espoir d'arriver première dans ce steeple chase d'un nouveau genre qui tenta Mme Bonard ? Toujours est-il que venue à Fontainebleau par amour pour M. Dupont qui suivait la Cour à je ne sais quel titre — Bonard et Dupont ! — elle en partit au bras d'un Anglais...

Les Italiens ont des façons particulières de se conduire qui leur attirent peu de sympathie. C'est à Fontainebleau que M. de Paolucci, ministre de Modène, tente de jouer à l'ambassadeur d'Espagne ce bon tour de lui faire faire connaissance avec sa propre maîtresse à lui Paolucci. Comment la farce avorta et comment la demoiselle Desprez allégea de 20.000 livres l'escarcelle de son peu délicat ami, c'est ce qui m'entraînerait trop loin à raconter.

Les Russes sont encore des barbares mal dégrossis, et le succès répond peu à leurs efforts. C'est en vain que le prince Razomoski cherche à faire la conquête de Mlle Clairmonde, de la troupe de la Montansier, en représentations sans doute au château. Clairmonde résiste, et le prince perd sa peine et son temps. Elle se garde pour M. de Duras qui naturellement la trompe avec une demoiselle Bubart, figurante à l'Opéra. Cette Bubart est certainement la même qu'une Buart que le marquis de Louvois avait enlevée audit Opéra pour la prendre avec lui. Mais le marquis a, certain jeudi, l'imprudence de souper chez Mlle Adeline avec Mlle Laforest, figurante — et criblée de dettes. La Buart l'apprend et s'en venge avec M. Sabathier. Dans le même temps, Mlle Adeline est fort pressée par M. de Montmorin qui veut faire son bonheur à la seule condition qu'elle quittera le théâtre : elle refuse, et nous saurons tout à l'heure un peu pourquoi.

Alors comme aujourd'hui, les actrices accaparent l'attention et tiennent le haut du pavé. Mlle Fleury est à Fontainebleau avec le prince de Nassau ; c'est elle qui gouverne la maison. L'envoyé de Gênes est fort amoureux de Mlle Colombe, de la troupe de Fontainebleau ; il la poursuit partout, mais elle, en bonne comédienne, le fait soupirer. Cette méchante langue de Poinsinet prétend que

Petitot divertit Guémenée et Biron
Et, pour être *en mesure*, elle aime Le Breton.

Voilà comment le nom de celui qui battait la mesure au théâtre passera à la postérité.

Des noms qui n'auraient pas eu besoin

pour y passer du secours d'une épigramme, les plus grands de France, s'acoquinent avec ces demoiselles. Un soir, Mlle Arnoult, de l'Opéra, donne un grand souper à M. le duc de Chartres, le propre fils du duc d'Orléans, et à toute sa cour. On s'y enivre, il faut voir. Le prince de Poix est gris à croire, comme on le lui assure, que la belle hôtesse est amoureuse de lui, et à vouloir se battre avec les autres convives. On a toutes les peines du monde à le calmer. A quatre heures du matin, nos soupeurs sont encore à courir les rues de Fontainebleau.

Au milieu de ces gens qui s'amusent bruyamment et sans mystère passe une femme Chavasse à moitié agent politique et tout à fait fille galante. Sous le nom de Duperet et des habits d'homme elle s'échappe du couvent du *Précieux Sang* où elle s'était retirée, et vient retrouver la Cour. On doit lui faire parler au Roi, mais l'intermédiaire est si laid, que les conditions sont repoussées. Le monde est trop méchant pour que je dise chez qui elle entre le lundi 5 octobre, à 10 heures du matin. Les extravagances de cette femme occupent quelque temps, puis elle disparaît: Sainte-Pélagie l'attend.

On se conte tout bas le souper offert par le marquis de Talaru, premier maître d'hôtel de la Reine, à quelques écervelés des deux sexes; et l'on rit du coup de canif donné,

deux jours auparavant, dans le contrat, par
le duc de la Trémouille en compagnie du
duc de Duras et d'aimables pécheresses. Depuis si peu de temps que le duc est remarié,
c'est le second. J'aurais bien voulu trouver
la preuve que ce fut le dernier. Hélas ! cette
preuve n'est pas faite.

On s'est tant diverti de l'infidélité des
femmes qu'il me semblerait piquant de finir
sur cette trahison masculine : l'histoire de
Mlle Baligny va m'en fournir d'autres traits
tout aussi concluants. Elle aimait sincère-
ment M. de Montmorin, « et certainement,
sans lui faire injure, je crois, dit un con-
temporain, que peu de femmes seront de
son goût. » Témoin Mlle Adeline. Baligny
n'était pas fort spirituelle, on l'avoue ; mais
elle avait 22 ans, était grande et bien faite,
et charmait surtout par un « jargon et un
air enfantins » qui lui allaient à merveille.
Depuis trois ans elle vivait avec le marquis
dans son gouvernement de Fontainebleau ;
nourrie et logée chez lui, elle recevait en
outre 400 francs par mois, *sans les cadeaux.*
Elle n'était donc pas ce qu'on appelle couverte d'or, et ce n'est pas pour elle que le
marquis s'obéra au point de devoir, un peu
plus tard, déléguer une partie de ses revenus à ses créanciers ; malgré cela quand, à
la fin de janvier 1761, elle apprit que, pour
obéir au Roi, M. de Montmorin allait se re-
marier avec « une demoiselle de la province

de Bourgogne », Catherine-Marguerite Morin de Banneville, et qu'elle était obligée de le quitter, elle en eut un vrai chagrin. Elle vint à Paris cacher sa douleur et sa petite fille ; pleura six semaines durant, et ne se laissa consoler que le vendredi 6 mars par le duc de La Vallière. M. de Genlis lui fut un protecteur plus sérieux, mais elle regretta toujours Fontainebleau et son gouverneur.

Et pourtant combien peu M. de Montmorin la payait de retour ! Il avait, au beau temps même de sa liaison avec elle, maison à Paris. Il avait fait meubler Mlle de Monti dont le duc de Durfort lui avait « donné la connaissance à Fontainebleau » : un beau jour il débarque à Paris et s'en va tout droit chez sa dulcinée ; on ne l'attendait pas ; il arrive et trouve la maison envahie par une suite de jeunes gens, d'*agréables*, qui font oublier à la belle l'absence de son seigneur et maître. Rupture, bien entendu.

Ainsi la pauvre Baligny, et la morale, furent à peu près vengées.

XII

L'hiver en Gâtinais

Paris, 12 décembre. — J'ouvre l'*Abeille* qui vient de m'arriver, et j'y lis : « Depuis le 26 novembre dernier, le froid ne s'est pas départi un instant de sa rigueur ; aussi la neige est elle demeurée sur le sol... ; dans les quartiers éloignés du centre (de *Fontainebleau*) on a constaté cette nuit — 16°. Brr... »

Oh ! oh ! 16 degrés au-dessous de zéro ! et de la neige ! Pour ça je savais que les plaines gâtinaises avaient vu la blanche visiteuse qu'à Paris l'on ne connaît guère, si ce n'est à l'état de boue ; mais 16 degrés, c'est dur !

19 décembre. — Voici l'*Abeille* ; que dit-elle de la température ? — « Nous sommes aujourd'hui au 23ᵉ jour de froid ininterrompu et excessif pour un commencement d'hiver. Pendant ce laps de temps le thermomètre n'a jamais, dans la journée, atteint zéro et est descendu, la nuit, jusqu'à — 20°... Dans la nuit de dimanche à lundi on a constaté — 22° dans les jardins du Palais. »

Décidément nous jouissons d'un hiver remarquable, d'un hiver *historique* ; 22 degrés, c'est à peu près la température des hivers dont la mémoire des hommes a gardé le souvenir... Tiens, voilà que s'ébauche dans ma tête l'idée d'un article : retrouver, s'il est possible, quelques traces du traitement infligé à nos pères par dame nature ; chercher à savoir si, plus ou moins qu'à nous, elle leur fut inclémente.

Oui, seulement, les *Grands Hivers*, ça se trouve partout, même dans Larousse... et vraiment, copier Larousse, ce n'est guère tentant. Parcourir les « Grandes Chroniques » et y voir qu'en 1325 « leffrois furent si grans que en brief tems Sayne fu engelée 11 fois et si fort que les hommes et les bestes aloyent par dessus... Et avecque ce que il néga ainsi fort : si néga il si fort et si longuement que elles durèrent jusques à Pasques (23 mars 1326) avant ce que elles ne fussent toutes remises ne fondues... » c'est déjà mieux. Noter que la fin de l'hiver de 1579 fut pluvieuse et que la Seine déborda à *Melun*, en février, passant par dessus le pont du faubourg Saint-Liesne ; qu'en 1647-48 l'Yonne débordant causa de grands dégâts au pont de *Montereau* ; qu'à *Larchant*, en 1676-77, les neiges demeurèrent cinq à six semaines sur la terre ; c'est presque bien. Mais il y a encore autre chose à faire : préciser jour par jour l'état du temps pour un certain nombre d'années, en demandant le plus possible ses renseignements aux sources locales [1] et surtout originales. C'est ce que je vais tenter.

Ci-dessous le résultat de mes recherches : il m'eût été facile de multiplier ces notes, si je n'avais craint d'abuser de la patience de mes lecteurs. Telles qu'elles sont, on y verra... on y verra tout ce que l'on y voudra voir : de la pluie, de la neige, de la gelée ; il y en a pour tous les goûts.

Novembre

1) 1578. — Pluie après une sécheresse de sept mois.

1598. — « Le plus beau temps qu'on ait vu depuis 50 ans. »

1783. — Beau temps.

2) 1580. — Sécheresse et gelées blanches qui brûlent les feuilles des arbres.

1611. — Mauvais temps à *Fontainebleau* : Louis XIII ne peut sortir des appartements du château.

1613. — Pluie.

---

1. Entendons-nous bien : je ne me suis pas occupé de la température à Lille ou à Bordeaux, mais j'ai quelquefois passé la Seine et pénétré en Brie pour voir le temps qu'il y faisait ; s'il gelait très fort à Provins, il ne devait pas faire chaud à Montereau. — J'ai mis à contribution, pour la rédaction du présent article, les chroniques, mémoires et journaux, ainsi que les notes consignées par certains curés sur leurs registres. Je puis citer encore les observations faites par Vicq d'Azir et qui, signées de lui, sont conservées à la B. N. (mss. fr. 14761 et 14762).

3) 1611. — Le temps se remet au beau.
    1612. — Grand froid noir.
    1784. — Pluie.

4) 1580. — Froid noir comme en plein hiver.

5) 1606. — Grands vents à *Fontainebleau*.

6) 1783. — Temps nuageux.

7) 1580. — Le soleil se montre de 10 heures
         à 2 heures.
    1783. — Gelée blanche.

8) 1611. — Pluie.

9) 1523. — Grande gelée « brielve » mais
         « pénétrative ».

10) 1580. — Temps sec et froid.
    1614. — Grand vent et froid.

11) 1577. — Apparition d'une comète.
    1613. — Pluie et neige à *Fontainebleau*.
    1784. — Pluie, thermomètre à 8° Réaumur.

12) 1613. — Pluie, vent et neige.

13) 1783. — Neige.
    1788. — Pluie après six semaines de séche-
         resse.

14) 1784. — Pluie, thermomètre à 9° R.

15) 1613. — Pluie.

16) 1783. — Pluie, température : 8° R.

17) 1611. — Neige.
    1622. — Grand vent et pluie à *Larchant*.

18)   ?

19) 1575. — Neige.

20) 1784. — Neige.

21) 1648. — « Grandes neiges. »

22) 1598. — Pluie.

23) 1616. — Fort grand froid, forte gelée.

24) 1648. — Pluie.
1784. — Pluie.

25) 1580. — Pluie après une longue sécheresse.
1609. — Temps venteux et pluvieux.
1783. — Pluie.

26) 1648. — « Temps adouci et embelli. »
1788. — Neige, thermomètre à — 7° R.

27) 1770. — Inondations à *Moret*, *Nemours*,
Souppes et *Montargis*.
1788. — Thermomètre à — 8° R.

28) 1783. — Beau temps; il gèle à — 1° R. le
matin.
1788. — Thermomètre à — 10° R.

29) 1788. — Froid très piquant; gelée dont on
n'a pas souvenir à cette époque
de la saison. C'est le commencement du « grand hiver » pendant lequel on dut procurer des
travaux de charité aux « malheureux habitants ». La subdé-
légation de *Fontainebleau* dé-
pensa pour cet objet 171 l.; celle
de *Montereau*, 274 l., et celle de
Nemours, 531 l.

30) 1612. — « Extrême vent. »
1680. — Il commence à geler.

Décembre

1) 1613. — « Il faisoit assez froid. »
1650. — Pluie.

1724. — Commencement de la gelée en *Gâtinais.*

2) 1612. — Grands vents et pluies à *Larchant.*

3) 1612. — Mauvais temps général.
1613. — Pluie.
1784. — Le thermomètre à 0 pour la première fois de hiver.

4) 1783. — Temps nuageux.

5) 1619. — Grand vent et pluie.

6) 1783. — Pluie, therm. au-dessus de 5° R.

7) 1617. — Grand vent et pluie.
1764. — Tonnerre et grosse grêle à *Fromont.*

8) 1568. — Les noyers et les vignes gelés.
1572. — Fortes gelées et neiges.
1658. — Une enfant de 7 ans morte de froid.

9) 1784. — Neige.

10) 1607. — La neige paraît dans nos régions.
1711. — Furieuse tempête de vent.

11) 1764. — Débordement de la Seine. Le « pavé de la pêcherie », à *Corbeil,* est couvert par les eaux.

12) 1783. — Beau temps.

13) 1611. — Brouillard.

14) 1786. — Tempête épouvantable la nuit.

15) 1624. — Temps pluvieux.
1788. — Le vin gèle dans le calice d'un prêtre disant la messe.

16) 1580. — Les pluies cessent.

17) 1624. — Pluie.

18) 1577. — La comète disparaît.
1611. — Grands brouillards.
1622. — Grande froidure.
1783. — Neige.

19) 1648. — Il commence à geler.
1767. — La Seine prend.

20) 1564. — Froids excessifs.

21) 1606. — Fort beau temps et clair à *Larchant*.
1607. — Le froid devient très rigoureux.

22) 1569. — Commencement de la gelée.
1648. — La température s'adoucit ; il neige.

23) 1564 — La Seine est prise.
1648. — Pluie le soir et toute la nuit.

24) 1783. — Neige.

25) 1564. — Le vin gèle dans les celliers.
1572. — Gelées et neiges.

26) 1612. — Pluie.

27) 1480. — Commencement d'un « grand hiver pendant lequel il y eut deux et trois pieds de neige sur la terre. Des voitures chargées traversent la Seine sur la glace. »
1648. — « Gelée âpre avec brouillard épais et noir. »

28) 1564. — Jour le plus froid de l'hiver. « Les crestes des coqs et poulles furent gelez et tombèrent de dessus leurs têtes. »
1783. — Demi-pied de neige.

29) 1648. — « Temps clair avec beau soleil. »

30) 1607. — Le froid est toujours aussi intense.
  — « Plusieurs personnes en mou-
      rurent. »

31) 1598. — Pluie.
   1772. — Très froid.
   1776. — Le froid commence à se manifester.
   1783. — Neige, froid à — 12° R. le matin.
   1788. — Froid à — 18° R.

Janvier

1) 1565. — Dégel; il pleut à partir de midi.
   1600. — « Ne fit que venter et pleuvoir. »
   1612. — « Il fait ce jour une fort grande
      froidure et commença à neiger
      (à *Larchant*) après disner en
      grande abondance. »
   1783. — Froid et humide.

2) 1565. — Dégel.
   1649. — Dégel.
   1709. — Pluie.
   1739. — Gelée; les eaux dormantes sont
      prises.

3) 1649. — « Doux temps. »
   1783. — Brouillard.
   1789. — Froid à — 18° 1/2.

4) 1612. — Grand froid.
   1777. — Le froid s'accentue : « prodigieuse
      quantité de neige sur la terre. »
   1783. — Neige.

5) 1336. — Grand vent.
   1565. — Le froid reprend.
   1608. — « Fort grande froidure, vents,
      neiges tant ès champs que ès
      villes. »

6) 1326. — La Seine charrie « par le grand yver... qui IX semaines avoit duré ».

1709. — Froid « cuisant ». Une idée des dégâts causés : le duc d'Orléans se fait autoriser à couper dans la *forêt de Montargis* 2,000 arpents de taillis « dépéris » par l'hiver de 1709.

7) 1497. — Crue de la Seine.

1709. — Le froid augmente encore dans la nuit : les blés sont gelés en terre.

1783. — Température douce et très humide.

8) 1709. — Un homme de 35 ans meurt de froid dans la campagne.

1784. — Neige

9) 1565. — Gelée.

10) 1711. — Vent épouvantable à *Achères*.

1777. — Dégel et pluie abondante.

11) 1618. — Temps fort sombre et humide.

1776. — Le temps se met à la gelée; il neige.

1784. — Beau temps ; gelée à — 4° R.

12) 1768. — Débâcle de la Seine.

13) 1526. — « Mervillieus vent par le reaulme de France. » Il dure jusqu'au lundi 15.

1608. — « Il faisoit une si grande froidure que (à *Larchant*) tout gelloit, mesme la laine (*sic*) des personnes. »

1617. — Temps froid.

13) 1709. — Froid à — 21° 2 R., d'après l'abbé
Ledieu, secrétaire de Bossuet;
mais il faut noter que l'on n'a
aucune donnée sérieuse sur la
température de cette époque :
le thermomètre dont s'était servi
le physicien Lahire ayant disparu vers 1740 et sa comparaison
avec celui de Réaumur n'ayant
pu être faite.

1776. — Glaces inaccoutumées à *Corbeil*.

1789. — Le froid commence à diminuer.

14) 1612. — Vent froid.

15) 1649. — Grande crue de la Seine.

1783. — Pluie.

16) 1784. — Pluie, grêle en certains lieux.

17) 1649. — Fort froid et couvert.

1776. — Le froid devient très rigoureux.

1783. — Neige.

18) 1565. — Gelée.

1739. — Violente tempête à *Remauville*.

19) 1668. — Le tonnerre tombe sur le clocher de
Notre-Dame de *Château-Landon*.

20) 1608. — Froid persistant; « grande quantité de peuple mort pieds et
mains gelés ».

1783. — Neige.

1784. — Trois pieds de neige à *la Chapelle-
la-Reine*; froid excessif.

21) 1582. — Neige.

1608. — « En ces jours, à *Ury*, il faisoit un
estreme froidure, avec grandes
neiges, fort et gros yver. »

22) 1612. — Temps froid.

1649. — Il gèle assez fort.

1709. — Une enfant de 4 mois est inhumée dans l'église de *Larchant* « à cause de la difficulté d'ouvrir la terre » dans le cimetière.

23) 1571. — Dégel.

1582. — Neige.

1783. — Neige.

24) 1709. — Vent doux.

25) 1571. — La gelée reprend très fort.

1612. — Grand vent et fort grande pluie.

1709. — Pluie et dégel.

1776. — Un homme meurt de froid à *Remauville*.

26) 1608. — Commencement du dégel.

27) 1776. — Froid très rigoureux. Les campagnes sont couvertes de neige. « La sueur du bois qui brûloit dans le feu geloit au bout de la bûche sans tomber. »

28) 1565. — Le temps s'adoucit.

1776. — Augmentation du froid. Tout gèle même dans les chambres habitées et où le feu ne cesse pas. Dans les campagnes des environs de *Fontainebleau* la terre gèle à 2 pieds de profondeur malgré 5 pouces de neige.

29) 1610. — Grand vent et grand froid.

1776. — C'est le jour le plus froid de l'hiver : le froid dépasse, à ce qu'on prétend, celui de 1709.

30) 1582. — Pluie.
   1784. — Grandes neiges à *Chaintreaux*.
31) 1565. — Reprise de la gelée ; nouvelle chute
   de neige.

Février

1) 1621. — Grande froidure.
   1649. — Grande froidure.
   1692. — Deux vignerons de *Recloses* meurent
   de froid à la Croix-St-Jacques.
2) 1571. — Dégel.
   1601. — Il fait « merveilleusement beau »
   à *Fontainebleau* — mais on
   trouve vers Crosne « une pauvre
   femme dans des prés, morte toute
   roide du froid ».
   1649. — Forte gelée.
   1776. — Le temps se met au dégel.
3) 1572. — Froid noir ; il commence à neiger.
   1624. — Grande froidure.
   1774. — Froid subit par un fort vent du
   nord ; la Seine, qui menaçait de
   déborder, rentre dans son lit.
4) 1582. — Pluie.
   1623. — Grande froidure.
   1603. — Fin de la forte gelée à *Melun*.
5) 1784. — La terre est toujours couverte
   d'une épaisse couche de neige.
6) 1481. — Fin du « grand hiver ».
   1601. — Mauvais temps à *Fontainebleau*
   où Henri IV amène la nouvelle
   Reine pour lui faire voir les
   beautés du lieu.

1624. — Grande froidure.

1649. — La Seine prend.

7) 1747 — A *Corbeil*, toute la nuit, les cata-
ractés du ciel semblent être ou-
vertes.

1776. — Débâcle de la Seine.

8) 1601. — Le mauvais temps persiste; le Roi et
la Reine quittent *Fontainelleau*.

1621. — Grande froidure.

1649. — Neige.

1777. — Pluie.

9) 1784. — Neige ; therm. à — 3° R.

10) 1626. — Temps de pluie.

1767. — Il tonne à *Fromont*.

11) 1571. — La Seine déborde.

1582. — Petite gelée sèche.

1624. — Grandes neiges et froidure.

1784. — Neige ; « jamais homme vivant
n'en a tant vu ; il y en a 6, 8 et
même 10 pieds de hauteur ».

12) 1613. — Grand vent et pluie froide.

1783. — Neige.

13) 1578. — Gelée accompagnée de hâle.

1649. — Dégel et pluie.

14) 1616. — Grande froidure.

1617. — Grand vent à *Larchant*.

1618. — Grande froidure, grand vent accompagné de neige.

15) 1649. — « Dégel de pluie froide et puis
petite neige de nuit. »

16) 1616. — Grand vent et froid.

17) 1620. — Temps de grand vent et fort pluvieux.

1649. — Temps fort froid ; neige.

18) 1605. — « Ce dit jour commença à faire grand froid, plus qu'il n'avoit tout le passé de l'hiver. »

1608. — « In tempore magni hyemalis. »

1709. — Reprise du froid.

19) 1610. — « Il faisoit fort froid, un dégel non chaud. »

1649. — Neige.

20) 1649. — Neige.

21) 1649. — La neige cesse sur le soir.

22) 1709. — Froid persistant.

1784. — Pluie.

23) 1618. — Temps froid et pluvieux.

24) 1613. — Grand vent et fort froid.

1784. — Crue du *Loing* causée par le reflux de la Seine grossie extraordinairement par l'abondance des neiges et glaces ; dégâts aux moulins de *Moret*.

25) 1328. — Eclipse de lune.

1565. — Fin de la gelée.

26) 1564. — Grandes eaux à *Nemours*, qui font écrouler une partie du logis de l'Hôtel-Dieu.

1624. — Temps fort humide.

27) 1614. — Temps froid et rempli de neige.

1649. — Temps froid et à la neige.

1774. — Pluies continuelles.

28) 1617. — Fort beau temps.

C'est la grâce que je vous souhaite pour 1891.

XIII

La question à Melun en 1714 [1].

Si j'avais eu à juger Louis XVI et à motiver mon vote, j'aurais écrit : « On ne peut mettre à mort celui qui signa l'abolition de la torture. » Pour que la *Déclaration* du 4 août 1780 n'ait pas sauvé la tête du Roi, il faut que déjà *justice* et *politique* aient été deux mots représentant des idées absolument étrangères l'une à l'autre.

Depuis cinq siècles on vivait en France sous cette épouvantable menace du bourreau vous saisissant légalement pour vous faire avouer un crime dont le hasard ou la vengeance vous accuse : et l'on oublie du jour au lendemain que, d'un trait de plume, le Roi vous a délivré de ce cauchemar.. O reconnaissance du peuple !

Sait-on exactement aujourd'hui, après cent dix ans, ce que pouvait être la *question* ? Se rend-on compte du degré d'horreur auquel pouvait atteindre cette monstrueuse erreur légale ? Et si encore ce procédé bar-

1. Cet article est tiré, comme les nᵒˢ IX et X, des *Papiers de la prévôté des maréchaux de Melun et Nemours.*

bare et inhumain eût été efficace ; s'il eût infailliblement révélé la vérité... mais il était aussi vain que cruel. Depuis longtemps on sentait si bien qu'un innocent était capable de demander à un aveu mensonger la cessation du supplice, que les confessions arrachées par la douleur devaient, pour former preuve, être renouvelées par le patient revenu à lui. Au contraire si le torturé persistait à nier ou à se taire, qu'est-ce que cela prouvait ? Qu'il n'était pas coupable ? ou qu'il était plus fortement trempé que les autres ?

En quoi par exemple, dans l'affaire que voici, la « question préparatoire » éclaira-t-elle les juges, et diminua-t-elle leurs incertitudes ?

Le 26 octobre 1713, Messire Eustache Chaillou, curé de *Perthes* et desservant de *Saint-Germain-sur-Ecole*, était informé que le corps du nommé Pierre Targat venait d'être trouvé dans la rivière, mais qu'il ne semblait pas que le mort eût dû se noyer. Le curé n'avait pas de peine à reconnaître qu'en effet Targat avait été frappé de plusieurs coups de couteau ou autre instrument tranchant. Il faisait transporter le cadavre dans l'église de Saint-Germain et prévenait les autorités.

M. Antoine Trancat, procureur fiscal de la prévôté de *Cély*, ordonnait, en l'absence du prévôt, de surseoir à l'inhumation en attendant que celui-ci mandé eût ouvert une enquête.

Le prévôt arriva bientôt sur les lieux et put se convaincre que le malheureux Targat avait succombé à un coup violent d'une espèce de baïonnette ayant traversé la gorge ; l'assassin ayant pris soin d'entourer le cou de sa victime d'une grosse cravate dissimulant la plaie, comme s'il avait pu espérer tromper sur le genre de mort. Une lutte avait peut-être précédé la perpétration du crime, car les vêtements de Targat étaient dans un certain désordre ; le pan de sa chemise avait été comme arraché de sa culotte et relevé, laissant le ventre à nu.

Toute idée de suicide devant être écartée, le magistrat commença une information pour essayer de découvrir le criminel ; il entendit quelques habitants de Saint-Germain, qui ne purent lui fournir aucun éclaircissement, et visita la maison du mort. En même temps il interrogeait Marie Foucquet, la veuve, âgée de 53 ans, qui déclarait ne rien savoir. Aucune trace révélatrice ne se montrait ni dans la chambre, ni dans la grange, ni dans le fournil... peut-être le crime avait-il été commis au dehors ? Le prévôt semblait adopter cette idée très acceptable quand la sœur de Targat vint le prévenir que, cherchant de son côté bien attentivement, elle avait cru reconnaître des gouttes de sang sur le fumier de la cour, et remarquer que

ces gouttes de sang conduisaient vers l'écurie. Sur la paille de celle-ci, rien de suspect ; mais en enlevant avec précaution la
première couche de litière, on constata, non
sans un certain frémissement d'horreur, la
présence de nombreux brins de paille ensan-
glantés. En continuant à découvrir le sol
de l'écurie, on trouva bientôt une sorte de
trou dans lequel le sang avait coulé et s'était
amassé. Aucun doute n'était plus permis ;
c'était bien dans l'écurie que Targat avait
été frappé. On revint alors dans la cour et
les assistants purent suivre la traînée de
sang jusqu'à la grand'porte et même au
dehors, dans la direction du chemin menant
à la rivière. Mais à quelques pas de la maison, la terre de la route avait été piétinée
par tant de monde depuis l'heure de l'assassinat, avait même été si détrempée par la
pluie, qu'il fut impossible d'y rien retrouver.

Du reste le magistrat en savait assez sur
ce point ; il était évident que Targat avait été
tué chez lui, et, la nuit même, porté dans la
rivière. Mais par quelles mains ?

Pour s'éclairer peut-être sur quelques
détails, ou bien ayant déjà certains soup-
çons, le prévôt fit paraître à nouveau devant
lui Marie Foucquet. Sans trop se troubler,
celle-ci prétendit que, sur le soir du jour
du crime, son mari l'avait laissée au lit et
s'était allé coucher dans l'écurie. Elle s'était

endormie et, le matin, ne le voyant pas auprès d'elle, l'avait vainement cherché et appelé. L'écurie n'offrait rien d'extraordinaire, mais la femme avait remarqué que la grand'porte était restée ouverte. Elle en avait conclu que son mari était sorti de bonne heure. Ils avaient alors les vendangeurs, et elle était partie comptant trouver le maître dans les vignes... il n'y était point ; elle ignorait comme tout le monde ce qui lui était arrivé, et ne l'apprit qu'au moment où elle fut informée de la découverte du cadavre.

Ce récit fait d'une voix calme était à peu près vraisemblable, et le prévôt, tout en se demandant qui avait pu, après l'enlèvement de la victime, couvrir de paille la place ensanglantée, n'ajouta rien pour ce jour là, laissant la veuve à sa douleur vraie ou feinte.

L'instruction se poursuivit, comme on le pense ; le cas était trop grave pour qu'on songeât à abandonner les recherches aussi hâtivement. Je n'ai pas à entrer dans le détail de ce qui se fit les jours suivants, mais il semble résulter pour moi de l'examen du dossier que, à tort ou à raison, le magistrat enquêteur eut tout de suite son opinion faite, et crut dès le premier instant à la culpabilité de Marie Foucquet. Je ne vois pas que l'on ait cherché à trouver le motif du crime, en quoi il avait pu profiter à son

auteur ; je ne vois même pas que l'on se soit
posé la question de savoir si cette femme
était capable de l'avoir commis seule, et que
l'on ait tenté de découvrir les complices possibles. Non. Pour le prévôt et pour beaucoup de gens du reste, la veuve était coupable — et c'était tout.

Il faut dire aussi qu'aux constatations
matérielles étaient venus se joindre de graves témoignages ; et en particulier celui de
la fille aînée de la victime, une enfant de
quatorze ans née d'un premier mariage.
Mise en présence de sa marâtre, elle n'ose
l'accuser formellement, mais elle lui rappelle certaines circonstances assez embar-
rassantes à expliquer dans leur insignifiance
même.

— La nuit de la mort de mon père, dit la
jeune fille, j'ai mal dormi et j'ai entendu ma
belle-mère se lever et aller et venir... Mon
père défendait à sa femme de faire du feu ;
eh bien ! cette nuit-là, *elle en a fait !* Elle
savait donc que mon père n'était pas là, et ne
rentrerait pas ? Et le matin, j'étais avant
elle à vendanger avec les ouvriers ; pourquoi m'a-t-elle dit qu'il s'était mis en route
à pied et avec son bâton, puisqu'en rentrant
pour déjeûner j'ai trouvé le bâton à la maison ?

Les journaliers appuient et confirment
cette dernière déclaration de l'enfant ; à eux
aussi la femme Targat a parlé du voyage à

Fontainebleau, variant seulement un peu sur les détails. Marie Foucquet ne nie pas absolument avoir tenu ces propos, mais elle cherche à les corriger pour en diminuer les contradictions.

Pourtant les semaines se passent; bien que la veuve soit arrêtée, on ne trouve ni l'instrument du crime, cette « baïonnette » qui a transpercé la gorge; ni comment et par qui le corps a été transporté hors de chez lui. Les voisins ne peuvent ou ne veulent rien ajouter à ce qu'ils ont dit au commencement. Seraient-ils retenus par cette crainte singulière que la justice inspira toujours, cette peur de se compromettre qui rend, dans nos campagnes, les enquêtes si difficiles? On obtient de l'archevêque de Sens un « monitoire » que le curé de Perthes et celui de *Soisy-sur-Ecole* lisent en chaire, adjurant les fidèles de déclarer ce qu'ils savent, et les menaçant des foudres de l'Eglise si, pouvant parler, ils gardent le silence. On est alors au mois de janvier 1714. Tout est inutile; aucune évidence ne s'impose, et l'accusée, sans relâche ni faiblesse, proteste de son innocence.

Mais il faut en finir : Marie Foucquet est transférée à *Melun*, où l'enquête du prévôt l'a précédée : les officiers du bailliage ne sont pas plus heureux que ceux de la justice de Cély. Il ne reste plus que la *question* pour vaincre la résistance de cette femme

qui lutte depuis huit mois. D'une commune
voix ils décident de l'y soumettre ; je pourrais donner leurs noms : ce serait injuste ;
ils appliquaient eux aussi les *lois existan-
tes*.

Le 7 juillet 1714, la malheureuse est ame-
née dans la chambre fatale : une dernière
fois le juge la somme de confesser la vérité,
tandis que, ostensiblement, le bourreau et
ses aides apprêtent devant elle les instruments de torture, le *moulinet* qui tout à
l'heure lui étendra les membres, et les
grands pots pleins d'eau qu'elle devra vider
jusqu'à la dernière goutte. Encore semble-t-
il que son sexe la préserve de la question
extraordinaire... A toutes les injonctions du
juge, elle n'a qu'une réponse : — Je suis
innocente. C'est la même, après comme avant
le premier, après comme avant le second
tour de moulinet ; au troisième, l'oppres-
sion la gagne, sa voix faiblit, mais non
l'énergie de son regard. Désespérant d'en
rien obtenir par ce moyen, on passe au supplice de l'eau : les mains rapprochées et
liées derrière le dos à un anneau scellé dans
la muraille, la tête renversée, le corps
allongé, pendant qu'un aide lui presse les
narines, un autre lui introduit un entonnoir
dans la bouche. On y verse lentement près
de trois pintes d'eau qui disparaissent peu
à peu. La femme serre convulsivement les
dents, un son rauque sort de sa gorge ; mais

quand le commissaire lui demande de
s'avouer coupable : — Je suis innocente,
répond-elle. Un second pot versé n'a pas
raison de cet entêtement, héroïque s'il est
sincère... L'entonnoir s'emplit une troisième
fois... alors le sieur Haufroy, chirurgien,
qui depuis quelques instants examine la
patiente, voit ses yeux se fermer, ses pauvres membres endoloris se tordre dans un
spasme suprême, et comme la vie l'abandonner. Il fait un signe; les aides la détachent
et la couchent sur le matelas.

— Ce n'est qu'un évanouissement, dit-il,
pourtant le danger de mort est grand ; je ne
réponds pas d'elle si l'on continue l'opération... C'est assez pour aujourd'hui.

Là s'arrêtent mes documents. Avec un
peu plus de temps et de persévérance, j'aurais sans doute réussi à savoir si Marie
Foucquet fut ou non jugée, fut ou non con-
damnée. A quoi bon? L'intérêt est-il dans
ce que des juges très faillibles purent décider,
alors qu'ils n'avaient plus le droit de pro-
noncer la mort? N'était-il pas plutôt et seulement dans la constatation aussi sobre que
possible de l'impuissance et de l'horreur de
cette *question préparatoire* qu'en un jour
d'heureuse initiative Louis XVI fit disparaître de la loi. S'il est vrai qu'il fallut le
« souffle révolutionnaire » pour que, huit
ans plus tard, il en effaçât de même la *ques-*

tion préalable[1], pour une fois, bénissons ce souffle.

Une fois n'est pas coutume.

1. Que l'on faisait subir au condamné avant l'exécution, et pour lui arracher des révélations.

XV

Quand le Roi est à Fontainebleau

A la fin de l'année 1889, les rayons du département des *Imprimés* à la Bibliothèque nationale comptaient 98 ouvrages, en 102 volumes, consacrés spécialement à *Fontaine bleau*. Depuis, le nombre s'en est augmenté, et nous aurons certainement de beaucoup dépassé la centaine quand mon infatigable ami Stein nous donnera l'inventaire qu'il dresse des œuvres d'art conservés au château.

Quant aux articles de revues, de journaux, de dictionnaires, etc., je les ai supposés tellement nombreux que je n'ai même pas songé à les compter.

Eh bien ! malgré tout ce papier imprimé, j'ai encore l'ambition de dire aujourd'hui quelque chose de nouveau, d'*inédit*, pour parler comme il faut ; sur ce château sans pareil dont chaque coin a son histoire, chaque pierre, son intérêt. Pour cela je n'ai qu'un moyen, fouiller dans la masse des détails négligés.

Par exemple, quand le Roi était à Fontainebleau, comment s'éclairait-il? C'est une question que l'on ne s'est probablement jamais posée, et à laquelle je vais essayer de répondre au moins en partie [1].

Je m'attends à ce que l'on me reproche de n'avoir pas toujours donné la destination actuelle de chacun des locaux dont je parle. Sentant bien l'importance de cette identification, je l'avais tentée [2], mais les éléments en sont si difficiles à réunir que je laisse une part de la besogne à faire à de mieux renseignés que moi.

Ainsi où se trouvait, en 1769, la *chambre du Roi* dans laquelle on brûlait chaque soir seize livres de bougie blanche?... ici j'ouvre tout de suite une parenthèse : il est certain que ces seize livres de bougie étaient comptées et payées aux officiers qui en avaient la charge; mais qu'elles brûlassent toutes dans la chambre du Roi l'est infiniment moins. A preuve que lorsque le si bien intentionné Louis XVI réduisit considérablement sa maison, on paya de grosses indemnités à ces officiers pour les « récompenser » des profits de la bougie qui allaient leur manquer. — Revenons à notre problème topographique : la salle des gardes de la Reine

---

1. *Menu de la Chambre aux deniers du Roi pour 1785* Bibl. Nat. ms. fr. 14136.
2. A l'aide des plans et détails contenus dans les cartons O¹ 1420 et suivants, aux Arch. Nat.

Marie Leczinska, « fermait » l'appartement du Roi ; c'est pourquoi l'éclairage de cette salle composé d'une livre de bougie jaune et d'une demi-livre de chandelle était payé par le Roi lorsque la Reine n'était pas avec lui au château. Or la salle des gardes de la Reine était au premier étage du *pavillon de Serlio*, ouvrant sur le balcon qui règne sur trois côtés de la *cour ovale*, et en deçà de l'avant-corps central dudit pavillon. L'anti-chambre du Roi prenait jour sur la cour ovale — ou d'honneur, et ci-devant *du Donjon*, et la chambre, sur le *jardin de l'Orangerie*, aujourd'hui *de Diane*. Il faut donc que l'appartement de Louis XV se soit trouvé à la rencontre du pavillon de Serlio et de celui de *Saint-Louis ;* il s'appelle pro-bablement aujourd'hui les *grands apparte-ments.*

Dans tous les cas il se composait, outre la chambre, d'un cabinet dit : *cabinet oval* — peut-être ce qui se nomma le *cabinet de Clo-rinde*, puis le *salon de famille* — éclairé par deux lustres à chacun huit bobèches consom-mant ensemble cinq livres et un tiers de bougie blanche, et par deux flambeaux d'argent « en bougies d'un tiers » ; du *cabi-net où le Roi travaille*, au plafond duquel pendait un lustre à douze bobèches brûlant quatre livres de bougie ; sur la cheminée on allumait six flambeaux d'argent et deux bras à trois bobèches. L'appartement comprenait encore l'*antichambre où le Roi mange*, éclairé par vingt bougies en deux lustres; l'*antichambre où sont les buffets*, lequel, si je ne me trompe, communiquait avec la salle à manger et prenait jour sur le jardin de Diane, et qu'éclairaient, le soir, deux lustres à huit bougies. Il ne faut pas omettre, comme fournies par « l'augmentation » : une bougie d'un quart de livre dans le *passage où est la cantine*; une bougie semblable sur le *petit degré*; deux plaques en bougies d'un quart dans l'escalier communiquant de l'appartement du Roi à celui des premiers valets de chambre; enfin autant dans la garde-robe. Un petit escalier « près l'appartement du Roi » n'était compté au clerc du guet des gardes du corps que pour quatre onces de bougie jaune. Une *terrine* brûlait à la porte ouvrant de l'antichambre du Roi dans ce petit escalier que je n'ai pu déterminer sur les plans.

La maison de la Reine avait, on le sait, un « menu » ou budget spécial, et ce budget ne figure pas dans le manuscrit que je dépouille [1]; pour moi les appartements de la souveraine demeurent donc dans l'obscu-

---

1. Le budget de la maison du Dauphin pour 1751 est conservé, et j'aurais pu en faire usage ici; mais j'aurais par là rendu le présent article trop long sans lui ajouter beaucoup d'intérêt. On ne devrait pas cependant négliger de le consulter. (B. N. ms fr. 14149) si l'on entreprenait une étude sérieuse de la topographie du château au XVIII⁰ siècle.

rité. Le Roi n'éclaire que les escaliers, corridors et dégagements divers. C'est à son compte, par exemple, que brûle chaque soir une demi-livre de bougie jaune à la porte de l'antichambre de la Reine, et une demi-livre aussi dans l'escalier neuf — noter qu'en 1769 on sort de grands travaux — conduisant de la cour ovale à l'appartement de la Reine, plus tard, de l'Impératrice. Est-ce dans cet escalier neuf — ou dans un autre — qu'ouvrait la porte de Monsieur le Dauphin éclairée par une terrine ? Je l'ignore. Ce que je sais bien c'est que ladite terrine grevait encore le budget royal en 1776, alors qu'il n'y avait plus de Dauphin, en compagnie d'un quart de livre de bougie jaune prévu à la porte de la garde-robe de feu Madame la Dauphine morte en 1767. Cela rappelle la légendaire histoire du factionnaire religieusement placé auprès d'une porte murée depuis dix ans.

Eclairer les morts est une tradition, car si nous continuons notre ronde, nous trouverons quelque part une terrine sur le petit escalier de « feu Madame la Duchesse », et, vers la *Conciergerie*, une chandelle chez Elisabeth de Bourbon-Condé, Mademoiselle de Sens, défunte, hélas ! en 1765.

Mais la nuit est close et nous pouvons suivre Delatour, le concierge du château, s'en allant allumer deux lanternes dans les « salles vis-à-vis la tribune de la chapelle » — ne vous semble-t-il pas que nous touchions à ce qui fut l'appartement de Pie VII? — et placer une bougie dans l'escalier de ladite chapelle. C'est au même fonctionnaire qu'incombe le soin d'éclairer l'*escalier neuf* de la cour ovale — pas celui de la Reine apparemment — et il lui est alloué pour ça une livre et demie de bougie jaune ; une livre et quart seulement pour l'escalier et le corridor de Gabrielle de Noailles, duchesse de Villars, dame d'atours, logée au-dessus de la salle des gardes de la Reine, mur mitoyen avec le comte de Sceaux, et dont les fenêtres donnent sur la terrase du portique de Serlio. Je relève les douze onces de bougie jaune chez Mesdames cadettes, les quatre onces pour éclairer la sentinelle pendant la nuit, et autant dans une garde-robe de mesdames Sophie et Louise, parce que cela me fournit l'occasion d'indiquer que la chambre à coucher de celle-ci était au rez-de-chaussée, dans les « petits appartements » d'aujourd'hui, et directement au-dessous du *grand cabinet* de la Reine.

Combien chaque jour de présence du Roi à Fontainebleau coûtait-il de chandelles à la « chambre aux deniers » ? Cent soixante-dix-huit. Delatour, pour sa part, en plaçait — ou devait en placer — quatre-vingt dix-neuf ; Picot, concierge de la *cour du Cheval blanc*, quarante-quatre ; et la dame Drouet, concierge de la *cour des Cuisines*, trente-cinq.

Nous pouvons sourire de cet éclairage pri-
mitif, nous qui forçons la foudre à nous
servir ; mais qui sait si nos petits-neveux
ne riront pas à leur tour de nous lorsque,
domptant le soleil, emmagasinant sa cha-
leur et sa lumière, ils ne connaîtront plus,
s'ils le veulent, ni le froid ni la nuit.

En attendant, répartissons tout bonne-
ment nos prosaïques chandelles : quatorze
pour le pavillon neuf de la cour du Cheval
blanc — l'aile Louis XV construite à la
place de la *galerie d'Ulysse* et qui loge
mesdames Adélaïde et Victoire — et pour
celui de la *cour des Fontaines*, dans lequel,
cent ans plus tard, s'installe le musée chi-
nois, six pour le *pavillon des Poêles*, à droite
du Fer à cheval ; trois pour le *Petit Pavillon*
— ici je mets un ? — cinq pour le *Pavillon
Rompu* — encore un ? — cinq pour le *Pavillon de l'Horloge* ou *des Aumôniers* ; cinq
pour le *pavillon de la Chaussée* ou de *Maintenon* ; autant pour celui *du côté du Tibre* ;
deux — c'est peu — pour le pavillon vis-
à-vis le Fer à cheval et que Napoléon fit
démolir sans que personne en pleure... Ce
n'est pas tout, mais c'est assez : je n'ai
d'ailleurs omis qu'un seul pavillon, celui
du milieu, gratifié de cinq chandelles. Le
reste n'est que corridors, escaliers, garde-
robes, y compris celle du Dauphin — qu'il
y en ait un ou non. Les appartements signa-
lés sont ceux du comte de Clermont et du

prince de Conti sur la cour ovale ; du duc
d'Orléans et de la princesse de Conti, dans
l'aile de Louis XV.

Mais je n'ai parlé encore ni de la *galerie
de Diane* qu'illuminent une livre de bougie
jaune et deux terrines — sous Louis XIV,
c'était un *falot* qui en dissipait les ténèbres ;
ni de la *galerie des Réformés* ou de *François I*er — éclairée par trois lustres au moins
puisqu'il est question du troisième, au bout,
du côté de la chapelle ; ni... de ce que je
supprime de propos délibéré, craignant de
n'avoir déjà que trop oublié le précepte de
Boileau :

Qui ne sait se borner ne sut jamais écrire.

Je m'arrête donc avant d'avoir épuisé le
sujet que promettait mon titre : *Quand le
roi est à Fontainebleau...*

Les fortifications de Garentreville [1].

Si vous allez un jour de *Larchant* à *Pui-*
seaux, vous traverserez *Guercheville* et lais-
serez à gauche *le Buisson ;* deux kilomètres
plus loin, vous apercevrez quelques toits de
tuiles ou de chaume groupés autour d'un
modeste clocher sans style ni caractère :
c'est le village de *Garentreville,* 175 habitants, *Fargeville* compris, disent les statis-
tiques les plus récentes. Je suppose que vous
voyagez en touriste, et que vous voulez tout
voir : quittez alors le chemin que vous sui-
vez depuis Larchant, et faites douze à quinze
cents mètres sur celui (chemin vicinal n° 103)
que vous trouverez à votre gauche ; le chemin de droite vous conduirait à *Burcy.*
Vous atteindrez bientôt un village ressem-

1. D'après les archives de l'Hôtel-Dieu de Nemours.
— Je saisis cette occasion pour remercier M. le docteur
Chopy, administrateur de l'hospice, de m'avoir ouvert
aussi largement ce riche dépôt ; et les Sœurs qui dirigent
l'établissement avec le dévouement que l'on sait, de l'em-
pressement et de la bonne grâce avec lesquels elles
accueillent mes longues et fréquentes visites.

blant à tous les villages de 175 habitants, avec une insignifiante église du XIII⁰ siècle, veuve de curé ; et dans lequel vous pénétrerez sans que rien arrête votre attention, ni vous avertisse que vous franchissez une porte. Ce tranquille et pacifique pays n'a gardé aucun souvenir des « murailles, tours, foussez, pontlevys, boulevars, machicoulis, barbacanes et canonières » qui le défendaient autrefois ; et si, l'an dernier seulement, vous aviez comme moi interrogé les habitants sur cet appareil militaire, ils vous eussent regardé de cet œil un peu soupçonneux du paysan qui craint toujours d'être dupé — et c'eût été toute leur réponse. A présent quelques-uns d'entre eux pourraient vous en parler au moins sommairement : c'est que je leur ai raconté l'histoire aussi véridique que peu connue de leurs *fortifications.*

Au commencement du seizième siècle, Garentreville se vantait d'être « ung bon gros bourg serré de bonnes maisons et bien peuplé… situé en bon païs fertil. » Sa position agréable et la fertilité de son sol y avaient dès longtemps attiré « plusieurs bons marchans — de miel peut-être, comme aujourd'hui — laboureurs et autres. » Mais les campagnes, en pleine paix, n'étaient pas sûres : des troupes de gens sans aveu, vagabonds, malandrins, anciens soldats réformés, les parcouraient à chaque instant, rançonnant les voyageurs isolés sans épargner beaucoup ceux allant en compagnies, et s'attaquant fort bien aux habitations même groupées. Garentreville avait eu plus d'une fois leur visite ; son éloignement des villes de quelque importance comme Puiseaux, Nemours ou Larchant en faisait une proie facile et les pauvres manants et habitants se plaignaient d'être à la merci de ces brigands « et autres gens de guerre qui les pillent, gastent, dissipent et desrobent leurs biens, les bastent et oultraigent en leurs personnes, en manière que leur train de marchandise et labouraige en demeure souvent discontinué et en arrière... » On s'explique facilement, en effet, que d'aussi fréquentes et aussi graves alertes dussent jeter dans les affaires et les travaux des champs une notable pertubation.

Comme aucune force publique n'était en état d'arrêter ce fléau, il ne restait à un aussi fâcheux état de choses qu'un seul remède : se clore et se fortifier. Mais on ne pouvait le faire qu'avec la permission expresse du Roi : sans doute il ne la refuserait pas ; il fallait seulement la lui demander. Un dimanche donc du printemps de 1514, à l'issue de la messe, les plus notables des habitants s'étaient assemblés au son de la cloche. Le prévôt, le curé et les marguilliers s'étaient placés à la porte de l'église —

j'allais dire : sous le porche, mais peut-être
n'était-il pas construit — et l'un deux, celui sans doute qui possédait la voix la plus
sonore, après avoir expliqué rapidement
l'objet de la réunion, avait donné lecture
d'un projet de requête et supplication à
remettre à Sa Majesté ou à son conseil. On
ne manquait pas d'y faire remarquer comme
argument décisif que, la sécurité renaissant
dans le pays, le payement des « tailles, aydes
et imposicions et autres subsides à quoy ils
sont cotisez » en deviendra plus facile et
plus régulier. En outre le bourg ne pouvait
que s'accroître de tous les « pouvres gens
d'environ qui s'y retireront eulx et leurs
biens asseureté. » Quant à la dépense, on y
pourvoierait comme aux dépenses extraordi-
naires, en s'imposant extraordinairement ;
des collecteurs élus se chargeraient de lever
sur les habitants la somme nécessaire
« assise » ou répartie sur chacun d'eux, au
prorata du montant des taille, taillon, etc.,
pour les taillables, au prorata du revenu
pour les exempts.

La requête votée et approuvée par l'assemblée avait eu un succès heureux et rapide,
et, au mois de mai de la même année 1514,
arrivait au prévôt un parchemin portant en
tête : LOYS PAR LA GRACE DE DIEU, ROY DE
FRANCE, signé sur le repli : *Par le Roy : le
sire de Nançay, chevalier, cappitaine de la
garde francoise et autres présens* — et plus

bas, *Bourdin*, et scellé du sceau royal [1]. C'était le « congé et licence » attendu, avec mandement au bailli de Châteaulandon d'en faire exécuter la teneur.

Aussitôt ces lettres entérinées au bailliage de Nemours, et elles le furent le 1er juillet suivant, on se mit à l'œuvre, car on avait hâte de vivre avec la certitude du lendemain. Non contents de creuser un fossé et d'élever un faible rempart de terre, comme cela se pratiquait dans bien des cas, nos gens, usant de la permission royale sinon jusqu'au bout, — on se représente mal Garentreville avec tours et boulevards — au moins dans une large mesure, construisirent de vraies murailles bien enracinées dans le sol, avec des fondations de près de quatre pieds d'épaisseur, et très capables, même sans « machicoulis », « barbacanes » ni « canonières », de résister à un coup de main. En moins de trois ans tout fut achevé... et l'on respira.

Mais les bons habitants de Garentreville ne s'attendaient pas à voir si vite leur tranquillité troublée, et à ce qu'un procès résultât pour eux de leur légitime désir de se mettre à l'abri des pillards. Ils avaient compté sans l'admirable ingéniosité du décimateur, messire François Barton, prieur de Nemours. Pour construire leurs murailles et fouiller les fossés, ils avaient né-

1. L'original est aux archives de l'Hôtel-Dieu de Nemours, liasse B. 49, pièce n° 1.

cessairement occupé une certaine surface
de terrain ; or ce terrain était auparavant en
culture, et le décimateur en percevait une
partie des fruits ; par les fortifications,
élevées d'ailleurs sans son « congé », on le
privait d'une portion de son revenu... Quant
je vous disais qu'il suffit d'être percepteur
de quelque chose pour découvrir immédiatement des sources de perception qui
échappent aux yeux du commun. Et combien le fisc moderne n'est-il pas le digne
héritier de ce décimateur du xvie siècle qui
eût trouvé moyen de dîner dans le Sahara !

Un peu interloqués d'abord, les Garentre-
villois répliquèrent avec un certain orgueil
que, s'ils n'avaient pas demandé le congé de
monsieur le prieur, ils avaient celui du
Roi ; que, s'il était vrai qu'une petite éten-
due de terre cultivée échappait au dîmage,
il ne l'était pas moins que le pays avait sin-
gulièrement gagné en importance par le fait
seul qu'il était devenu plus sûr, qu'en passant du rang de village à celui de ville, il
avait vu accroître la valeur de ses terrains ;
que monsieur le prieur serait le premier à
profiter de ces plus-values compensant largement, par l'augmentation des cens, le déficit
des dîmes — et d'autres bonnes raisons que
la nécessité leur inspira. Ces raisons
étaient même si bonnes qu'au moment de
plaider le prieur se ravisa et, le 18 février 1519, signa une transaction par laquelle

il renonçait à ses prétentions, mais profitait de la circonstance pour régler à son profit certaines difficultés anciennes, soulevées par l'exercice de ses droits féodaux.

Avait-on été trop vite dans la construction de ces fameuses fortifications, ou bien avait-on un peu trop cherché l'économie en ne donnant de solidité sérieuse qu'aux fondations qui, elles, bravent encore aujourd'hui les efforts du pic et du marteau ? Les murailles avaient-elles eu à subir des assauts dont aucun document ne nous aurait conservé le souvenir ? Toujours est-il que soixante-dix ans ne s'étaient pas écoulés que les habitants s'assemblaient à nouveau à la porte de l'église, comme l'avaient fait leurs pères, et que le prévôt, Prégent Guillin, exposait l'urgence de réparer les murailles qui n'offraient plus aucune sécurité ; la dépense devait monter à mille livres (333 écus 1/3) à « asseoir » sur les « habitants et propriétaires de la ville et des faubourgs. » Le 20 avril 1588, des délégués étaient nommés pour suivre cette grave affaire et obtenir les lettres patentes indispensables à toute levée de deniers ; des *lettres d'assiette* avaient été délibérées dès le 21 juin. Le 3 octobre suivant, le Conseil étant à Blois, on sait à la suite de quels événements, le Roi autorisait la dite levée, qu'il augmentait même encore de soixante livres pour « le prix des lettres » qu'entérinait, le 14 décembre, la Chambre des Comptes de Paris.

Mille soixante livres, c'était une grosse somme à se procurer après celle plus grosse encore qu'avait fournie la génération précédente, et les collecteurs ne durent pas être tous les jours sur un lit de roses. La levée se fit pourtant — et j'y vois la preuve que Garentreville comptait alors bien plus des vingt-deux feux taillables qu'elle avait en 1715 [1] — la levée se fit et la reconstruction aussi ; au XVIIe siècle on parle des « murs de la ville » ; au XVIIIe, on dit assez volontiers : les fossés, ce qui donnerait à penser que les murailles avaient disparu par place : les causes d'ailleurs qui les avaient fait élever n'existaient plus aussi impérieuses.

Aujourd'hui une trace au moins subsiste de ces fortifications en miniature : le chemin qui fait le tour du village se nomme encore : les *foussés*, ou officiellement : *le chemin de derrière les fossés*. Quant on sort de Garentreville en se dirigeant vers Nemours, et qu'on vient de franchir ce qui fut une porte, on voit à gauche, en contre-bas du chemin, un jardinet voisin d'une petite mare : c'est la seule partie non comblée des fossés d'autrefois. Un mur neuf dominant ce jardinet est assis sur la fondation des murailles :

---

1. Arch. H-D. de Nemours, B. 48, n° 6.

c'est par là que j'ai su quelles étaient leur épaisseur et la solidité de leur construction. Du côté de l'Est une enceinte existe encore, mais c'est une enceinte que chaque printemps rajeunit, une ceinture d'arbres et de haies vives.

TABLE ALPHABÉTIQUE

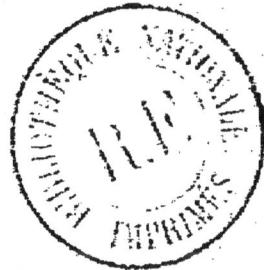

TABLE DES MATIÈRES

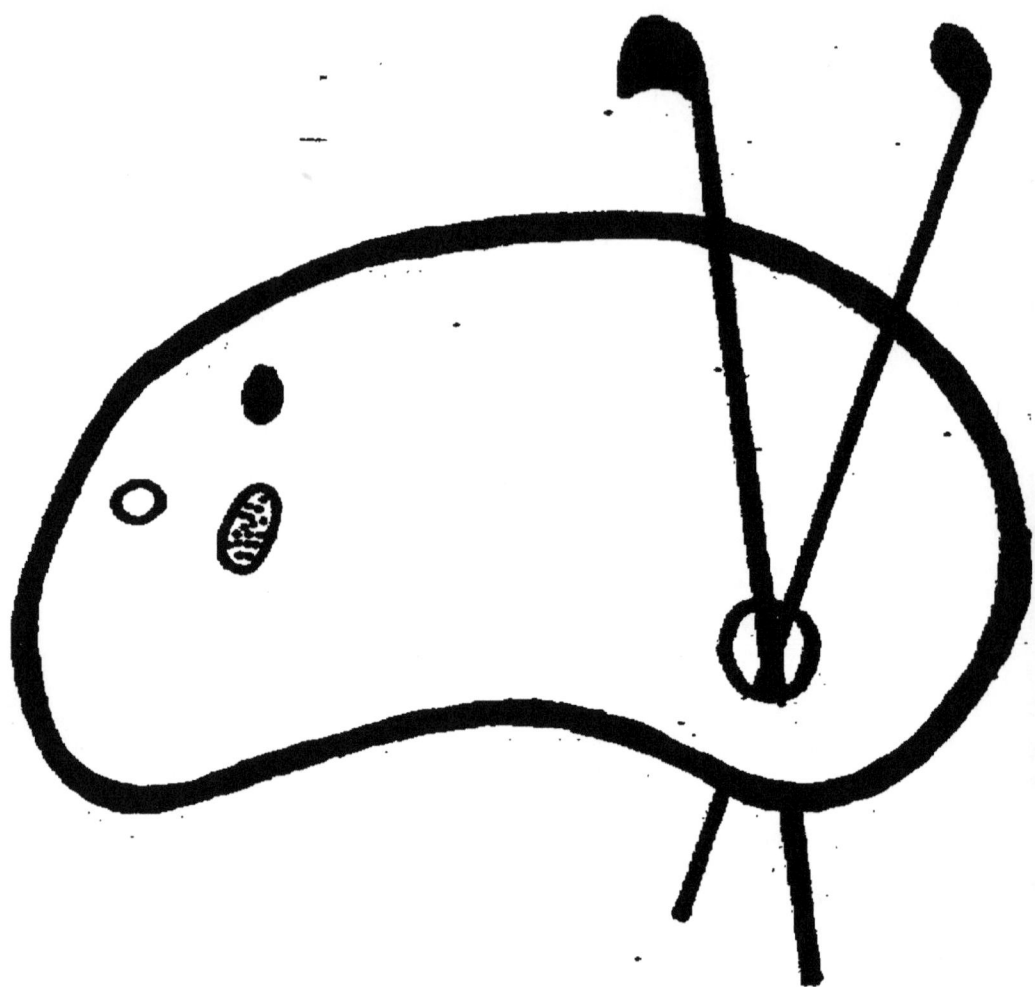

ORIGINAL EN COULEUR

NF Z 43-120-8